Bible of LOBBYING

ロビイングのバイブル

株式会社ベクトル パブリックアフェアーズ事業部

経済産業研究所コンサルティングフェロー・
多摩大学ルール形成戦略研究所客員教授
藤井 敏彦

慶應義塾大学大学院経営管理研究科特任教授
岩本 隆

目次
contents

6 日本のロビーケーススタディ ―― 178

はじめに
Introduction

〝ロビーとは何か〟

ロビーは悪か

ロビーという言葉はそもそも日本人にとってなじみの薄いもので、「陳情」「族議員」「特定団体の私利私欲」といったネガティブなイメージを抱いている人は多い。

しかし、海外で戦う企業ならば、ロビーが良い悪いという議論ではなく、ロビーがないとその国の市場から締め出されてしまう時代に入ったと感じているだろう。それは、民間企業だけではなく、日本政府も同じだ。アメリカではロビイング開示法（ＬＤＡ）という法律に基づいて、約３万人がロビイストとして登録されている。ワシントンには、中国政

TOKYO 2020

府や韓国政府の利益を代弁するロビイストで溢れかえり、日本に攻勢を仕掛けている。

日本がいくら正論をいっても、なぜか不利な世論を形成されてしまうのは、中国や韓国のロビー力のなせる技だ。企業人もそのことにようやく気づいたというのが現状だろう。三木谷浩史楽天ＣＥＯが代表理事となって立ち上げられた新経済連盟（新経連）もその潮流のひとつだ。

ロビーを行うロビイストの雇い主は企業であったり、業界団体であったりとさまざまだ。自らの利益を守るため、あるいは拡大させるために政策決定者に働きかける。自分の主張を通すために献金や接待、その他いろいろなものをちらつかせるということもかつてはあった。広い意味で言えば、かつての「ＭＯＦ担」的存在もそれにつらなるいわゆる「族議員」も、ロビイストの一種であったといえるのだろう。しかし、アメリカでも日本同様に、国益・公益を顧みないロビーについては大きな批判を浴びることになった。

政策や法律作りの議論は、公益を巡って争うものだ。新しい法律や新しい市場のルールは、本当に公益となるのか。どうすれば公平と言えるかを議論することになる。

ロビーの結果、国民の利益にならず、一民間企業にとっての利益にしかならないないのであれば、大きな批判を浴びることになる。さらには、決定プロセスの透明化も同時に求められている。不透明さを排除して、オープンなロビー活動が行われるとしたら、それはむしろ、自分の声や考えで、直接世の中をよくすることになるはずだ。

日本の政策決定プロセスが変化し、政府・行政は、広く世の中から声を集め、ガラス張りの議論によって新たな政策を決めていこうと舵を切った。言うなれば、政策決定者も企業の声を求めているのが現状なのだ。「こういうルールや規格があれば社会はもっとよい方向に向かうはず」という、公益性を出発点とした主張を発信することが、今の日本企業に必要とされている。

生き残るためにロビーは欠かせない

この本で紹介するロビーは、一般にイメージされてきたかつての閉鎖的で不透明な活動ではない。企業から公共性を持って発せられた声を出発点として、公正に、オープンなやりかたで社会をよくしていくためのものだ。ロビーという言葉がまとってしまった負のイメージを取り除くことは、ロビー活動を行おうとする企業のみならず、これからの日本のためになると考えている。というのも、ロビー活動を通じてルール作りに参画するという姿勢が希薄なために、日本が窮地に立たされることが少なからず起こっているのだ。

移動手段の発達とＩＴの進歩により、世界は流動性を増した。かつてないほどあらゆるものが国家間を移動している。そんな中で巻き起こるさまざまな問題に対処すべく、国際的なルールがどんどん作られている。しかし、そこで日本は十分な力を発揮できていない。このままでは諸外国が自国の利益優先で作ったルールにより、日本が不利益をこうむるのは避けられない。

この本の目的はロビー活動の重要性をビジネスリーダーたちに知ってもらうことにある。国内外問わず、今こそ多くの人々がルール作りに積極的に関わるべき時代が到来している。日本人が敬遠するロビーやルール作りがこれからの世界を形作るのは間違いない。

だからこそわれわれは世界で行われているロビー活動や、彼らの技術、ルールが作られる現場について知らなければいけない。これから日本の企業は、ビジネスマンは、何をすべきか。この本がそれを考えるための出発点となれば幸いである。

1

Bible of LOBBYING

これがロビイング戦略だ

RUSSIAN FEDERATION
PALAU
PANAMA

〝グーグルの2014年のロビー活動支出は、
2010年の3倍以上にまで増えている。
同社は20のロビー活動会社に
約1000人のロビイストを抱えている。〟

世界の潮流となった「新しいロビー」とは何か

〈日本だけが大きな後れをとる〉

今、日本の政策決定のあり方が大きく変わってきている。

実務を担う省庁と強力なパイプを持ち、豊富な専門知識と幅広い人脈をもとに、政策立案に関与する。これは洋の東西を問わず政治やロビイストが果たす役割のひとつである。とりわけ多様なコミュニケーションのチャンネル、問題に関する専門的知識を有能な政治家やロビイストは必ず有している。企業も当然、そのような有能な政治家ないしロビイストに頼ろうとする。このことは決して日本だけの特殊な現象ではない。米国も欧州もそうである。ただ、ひとつ日本と欧米が大きく違うのは、日本では主に「水面下」で物事が運ばれてきたこと（もちろん欧米といえども政治に完全な透明性などというものは存在しないが）、比較的狭い範囲のステークホルダーだけが参加して物事が決められてきたということである。かつては、欧米でも同様であった（そしてその限りで欧米でも「ロビイング」という言葉には長く影がつきまとった）が、欧米のロビイング事情はその後大きく変化した。しかし、日本は変化が顕著に見えるまでに至っていない。このことが日本で「ロビイング」に何か胡散臭いものというイメージを与えてしまった一因である。

しかし、小泉純一郎政権が誕生し、日本の意思決定のメカニズムが大きく変わりはじめた。さらには二度の政権交代〈民主党〈現・民進党〉、そして再び自民党へ）を経て、密室で物事を決めていける可能性が相対的に小さなものとなった。国民の見えないところで政策が骨抜きにされていくことに大きな批判が巻き起こり、決定プロセスの透明化が求められたのだ。

国民全体、社会全体の利益を無視して、密室で物事を決めたり、特定の議員が水面下で力を振るったりすることは、説明責任上の問題を発生させるし、何よりももはや国民がよしとしない。

政策決定のあり方が変わると、企業も変わらねばならない。これまでのように、自社の利益を守るために、業界団体のみを通じて規制省庁に働きかけたり、有力な政治家に働きかけたりするだけでは、物事が思うように動かないことが多くなってきた。

過渡期にある今日の問題は、政治家や霞が関と、民間企業の接触が著しく制限されている現状だ。企業は今、悩んだまま、身動きが取れずにいる。新たな政策決定プロセスにおいて、企業が自分たちを守り、成長させていくために、政治や行政とどのような関係を築くべきなのか。その答えが見えていない企業がほとんどなのではないだろうか。

その答えこそが、新しい形のロビー活動だ。

ロビイスト、ロビー活動と聞いて読者の多くが考えるのは、これまで述べたような、伝統的永田町政治だろう。

しかし、世界の潮流となり、日本ではじまりつつある「パブリックアフェアーズ」と呼ばれる新しいロビー活動と旧来のロビー活動はまったく違うものだ。新しいロビー活動（パブリックアフェアーズ）が、これまでのロビーと違うのは、以下のような点だ。

● 簡単に言えば、これまでのロビー活動に、公正性、透明性を加えたものが新しいロビー活動（パブリックアフェアーズ）だ。そのためPRの手法が援用されることがある。

●これまでのロビー活動は閉鎖的で、意思決定の過程にひと握りの人間しか関与できなかったのに対し、新しいロビー活動（パブリックアフェアーズ）はオープンな場で議論することを前提とする。

●これまでのロビー活動はマスコミを避けるように実施していたが、むしろメディアに公益性を主張していくことで世論を喚起していく。

●これまでのロビー活動が一企業の利益や便宜獲得を目的とすることが多かったのに対し、新しいロビー活動（パブリックアフェアーズ）は国益、社会への貢献を目的としており、広い合意形成を目的としている。

●これまでのロビー活動は主に政府・政治家に対して行われてきたが、新しいロビー活動（パブリックアフェアーズ）は、NGO、NPO、消費者団体、学術団体に対しても実施する。

以上のように、新しいロビー活動は、フェアでオープンなやり方だ。この方法で企業の考えを発信するとき、「自分の会社のことばかり考えていてけしからん」というような批判は起こりえない。そもそも公益にかなう意見でなければ、世の中で広く受け入れられるということもない。

旧来のロビー活動は今後、おそらく通用しない時代になる。だから、企業は新しいロビーの手法を学び、時には専門家であるロビイストとともにロビー活動に取り組むべきだ。

また、日本政府は、企業の声を求めている。日本の発展のために、国内のルール、政策がいかにあるべきかを決定するには、消費団体の声を聞く必要があるのと同様に、市場参加者（民間企業）の声が不可欠だ。話は国内だけでは終わらない。政府は日本企業が海外で活躍するため、さまざまな方策を打ち出しているが、これもやはり企業からのレスポンスがなければ成り立たない。

しかし、企業の側は旧来の因習にとらわれて動きが鈍く、このままでは海外企業に国内市場までも食い荒らされてしまう。

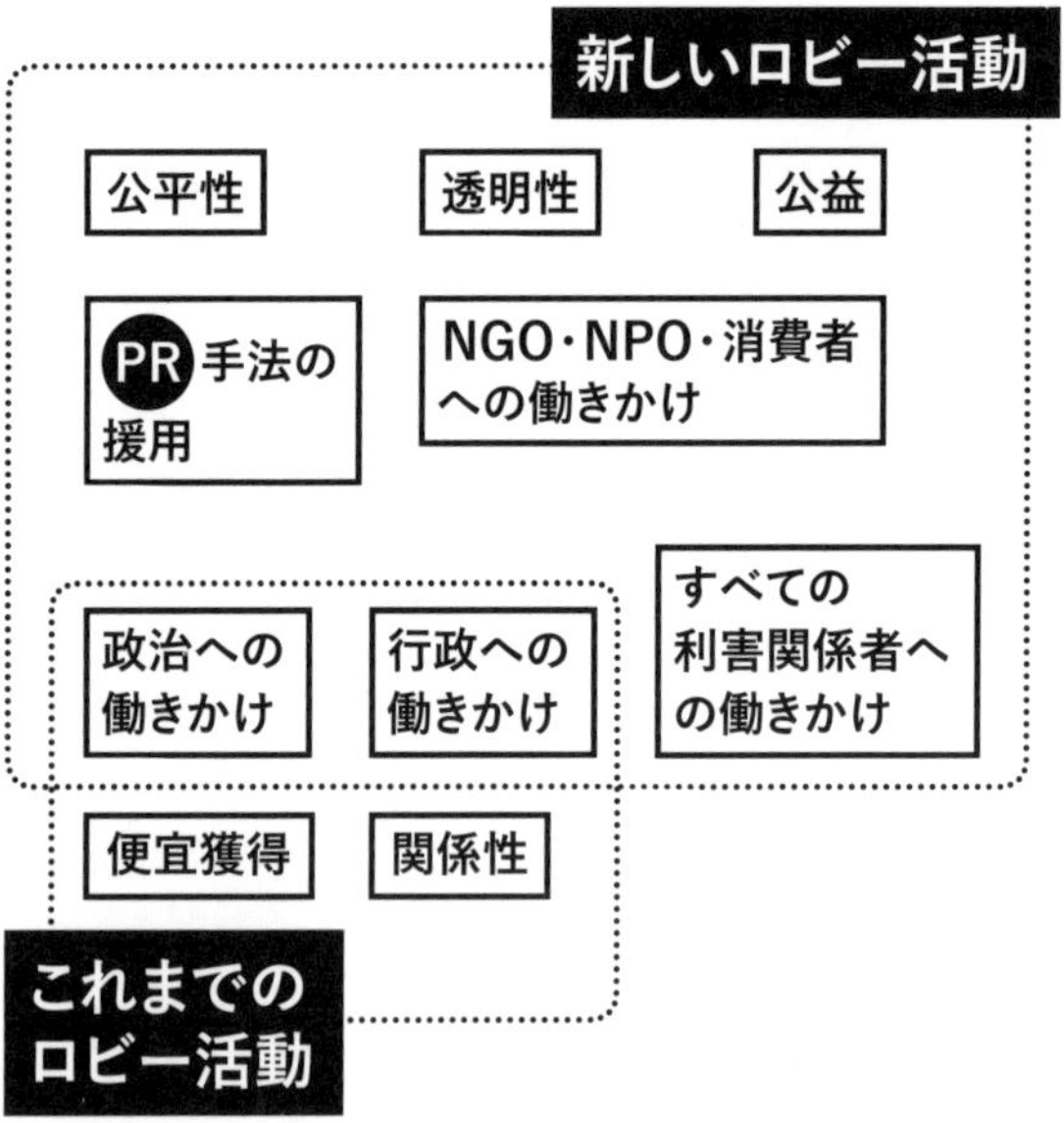
新しいロビー活動
公平性
透明性
公益
PR手法の援用
NGO・NPO・消費者への働きかけ
すべての利害関係者への働きかけ
政治への働きかけ
行政への働きかけ
便宜獲得
関係性
これまでのロビー活動

図版作成（株）ベクトル

ルールメイキングとロビー

〈ルール形成戦略室の誕生〉

いくら政府や省庁が企業の声を求めているといっても、そんなものはほかの企業任せにしておけばどうにかなると考えている企業もあることだろう。

しかし、それでは企業がこの先、生き残ることはできない。

なぜなら、あらゆる企業が活動する国・地域、業界が持つ独特のルールに束縛されているからだ。ロビー活動を通じて、ルールに働きかける企業は、社会をよくしつつ同時に自社に有利な状況を生み出すことができる。日本政府もまた、ルールの重要性に改めて着目し、行動を起こしている。

2014年7月に経済産業省でルールメイキングに関する大きな動きがあった。「ルール形成戦略室」の設置だ。報道などでは「日本企業に有利なルールを作り、企業の利益を拡大させる」という側面にばかり光が当たっていたように思う。しかし、それはあくまでも結果の話。やはり前提にあるのは、我田引水ではなく、社会問題の解決のために新たな国際ルールを作るということである。

日本企業が海外進出するにあたって、障壁となっているルールがあるのであれば、それを乗り越えるための、しかも社会をよくするための方策を、官民一体となって考える時代が来たのだ。

日本には、ルールというものが上から下に押し付けられるという文化が根強くある。しかし、市民がルールを作るのではなく、お上によって定められ、それを守ることだけ考えるというのは、はたして本当の民主主義といえるだろうか。ルール形成戦略室の誕生は、これまで多くの人々が政府の「責任」であると誤解してきた国際的なルール作りへの積極的な参加を、政府が呼びかけていることの表れだ。

日本国内においても、政策をビジネスのツールとして活用できる時代が到来した。既存の政策でビジネスが成り立たないのなら、そのために政策を作り、あるいは転換させる。自社の製品を売るためには、政策作りに積極的に参加する。そんな姿勢が求められている。

〈ルールは品質を駆逐する〉

ルールの重要性を認識することが後れたことは、日本企業が国際競争力を失った原因のひとつだ。欧米企業は自分たちにより有利な国際ルールを制定し、市場を席巻し、グローバル化をどんどん推し進めた。

「いい商品を作りさえすれば売れる」という思い込みは、日本企業が陥りがちな落とし穴なのだ。日本企業に不利なルールを設定されても、それを乗り越えようとしてきたのが今までの日本だった。しかし、ルールに適合していなければ、どんなにいい商品でも買ってはもらえない。だからこそ、ロビー活動を展開し、自分たちの製品が正当に評価されるための土壌を整えることが重要なのだ。

政策決定プロセスの透明化が叫ばれる日本国内の事情と同様に、グローバル時代は、大国であれどもわがままは通らない。すべての国が国際ルールのもとに縛られているからだ。これまでルールがなかった分野に世界的なルールが作られ、今まで使えたものが使えなくなったり、逆に新しい技術が脚光を浴びたりする。慣習やデファクトスタンダードとしてではなく、拘束力のあるルールが空白地帯を埋めるように定められつつある。

〈ルールは無条件で味方をしてくれない〉

かつて日本は、欧米からずいぶんと嫌がらせを受けた歴史がある。特に顕著なのは通商分野においてだ。

1960年代以降の日本は繊維製品、鉄鋼製品、テレビをはじめとする電化製品、自動車、半導体など主力商品を変えながら、世界中に製品を輸出した。日本企業の製品はその品質ゆえ、世界中で喜ばれたのである。しかし、その結果引き起こされたのがジャパン・バッシングだ。日本車は米国でも大いに売れ、米国の自動車産業に打撃を与えた。憤った米国により政治問題化され、日本は圧力をかけられる。

日本は自動車の輸出自主規制という、今日であれば要求側の米国が世界貿易機関（WTO）のルール違反を問われるような歪んだ措置の受け入れを余儀なくされた。そんな過去がある日本だからこそ、ルールで秩序が守られるという現状は歓迎すべきことではある。貿易問題で無茶な注文をつけられれば、WTOに駆け込めばいい。

では国際ルールに任せておけば、もう日本は憂き目を見ることはないのだろうか。残念ながらそうではない。必ずしも日本や日本企業に有利に働くとはいえないルールが次々と生まれている。ルールの運用が、公平性を保って行われるとしても、ルールそのものは、関係各国の主張によって形を変える。つまり、日本が言うべきことを言わずに口を閉ざしていれば、日本に不利益なルールが決められてしまうのは当然の成り行きだ。自国にとって不都合なルールが公平に運用されたところで、それに何の意味があるのだろうか。

	ルール作り	もの作り
日本企業	後進的	先進的
欧米企業	先進的	後進的

いい製品を作っても
ルールを変えられると
市場から締め出される

図版作成：（株）ベクトル

日本人はこれまで、ルールを守ることには長けてきた。無理難題をふっかけられても、それを技術力でカバーしてきた。しかし、世界中でルール作りに意識的な国や企業がますます活動を活発化させている以上、もうわれわれもルールを守るだけではいられない。

〈企業はロビーを通じて進化する〉

日本を取り巻く環境が変わり、国内の環境も変わる中で、とまどい、行動を起こせない企業は少なくない。今、この状況下で、ロビーの力を知り、正しく活用することができれば、その企業は強力な武器を手にすることになる。

日本企業にとってなじみの薄いロビーだが、はじめるのは難しいことではない。経営者がルール作りに参加することを企業戦略に組み込むこと。そのあとは具体的な方法論に落とし込むことだ。その方法論のひとつがロビーであり、PR戦略になってくる。

ロビーも実行段階でいくつかに細分化できる。「攻めのロビー活動」「守りのロビー活動」、そして「情報収集」の3つだ。必要な仕事は多岐に渡るし、それぞれに専門性が要求される。

とはいえ、現在ロビイスト、ロビー活動に従事できるプロフェッショナルは限られている。「きみは明日からロビー担当だ」と言われただけでは、社員たちもどうすればいいのかわからないだろう。

だから、ロビーのすべてを内製化すると考えるのではなく、手をつけられるところからはじめるのがいい。ロビー活動の中で、会社の内部でしかできないことを確実にやっておけば、あとの部分は外注も可能だし、ロビーを続けることで人材も徐々に育っていく。

本書を読み終え、ロビーの重要性を知ったあなたは、もうこれまでと同じではいられないはずだ。新たな武器を手に、世界を相手に戦ってほしい。その戦いの一日目は、ほかでもない今日なのだ。

まとめ

- 世界の意思決定メカニズムは日本とは違う。TPOを合わせたロビー活動をする必要がある。
- 不利なルールを遵守するのではなく、有利なルールをロビーで獲得しよう。
- ロビーを活性化することで、単一の企業だけではなく、日本企業全体が力を取り戻せる。

2

Bible of LOBBYING

ロビイストの歩み

〟
小泉純一郎政権が誕生し、日本の意思決定の
メカニズムが大きく変わり始めた。
欧米と同様、日本でも政策決定者は
企業の声を求めている。
〟

欧米のロビーの歴史

〈欧米も認める「正しいロビー」の必要性〉

ロビーによってルール作りに参画する重要性はすでに述べたが、そのためにはルールがどうやって形成されるかを知らなければいけない。まずは国際的なルール作成の舞台となっている欧米の事情を見ていこう。

そもそもロビー活動の「ロビー」という言葉は、19世紀の米国大統領に由来している。ユリシーズ・S・グラント大統領は愛煙家だったが、ホワイトハウスでの喫煙を妻に禁止されていた。そこでホワイトハウスのすぐ横にあるウィラード・インターコンチネンタル・ワシントンホテルのロビーまで避難してタバコを吸った。グラント大統領に接近しようとする者は、その場に押しかけたのである。ホテルのロビーで行われたから、「ロビー」というわけだ。

さらにロビーの語源を遡れば、もともとは修道院の回廊を意味していた。修道士たちにとって、回廊は単なる通路以上の意味合いを持っていた。瞑想し、聖書を読み、議論や談話を行うのも回廊だった。このことから、ホテルや劇場などで客が待機し、談話する空間が「ロビー」となった。

さて、現代におけるロビー活動は、修道院の回廊という語源に負けていないだろうか。

米国には「回転ドア」という言葉がある。ロビイストが政府と民間の間を行き来する様を例えたものだ。元議員や元閣僚がロビイストへの変身を遂げることもよくある。官民をまたがる政策人材の市場が形成されており、政策に関心を持つ有為の人材が自らのキャリアパスを描きやすいといった長所がある。

米国のロビイストの活動にはもともと連邦ロビー活動規制法によって一定の制約がかけられている。この法律によりロビイストは登録を義務づけられた。その後も1995年にはロビイング開示法、2007年には「誠実なリーダーシップと開かれた政治法」などの新法が成立し、規律強化が行われている。彼らは活動の収支報告も提出しなければいけない。そこからもロビイストの影響力の大きさがうかがえる。

しかし、米国においても、ロビイストが公益から外れた行動を起こさないように規制は行うものの、ロビイストを根絶しようという方向には決して向かわない。なぜならば、「公明正大なロビーは必要とされているからだ。米国には3万人以上のロビイストがいるといわれている。EU関連機関が多く置かれているブリュッセルにも、1万を超えるロビイストたちが、企業やNGO、環境団体、業界団体などの意向を受けて活動を展開している。彼らがさまざまな立場から上げられた声の代弁者となることで、よりよい社会が実現可能になるという考え方が支配的なためだ。

米国でロビイストが「暗躍」した歴史があったことで、日本人はいまだにロビー活動やロビイストにアレルギーを持っている。

実はかつてヨーロッパでも同じようにロビイストを排除しようという動きがあった。少し前まで「ロビー」は「ダーティー・ワード（悪いイメージを持つ言葉）」だったのだ。しかし、その後情勢は大きく変化し、EUの「首都」ブリュッセルはワシントンにも引けを取らないロビー活動の中心となっている。言うまでもなくEUが「ルールメイキングマシン」として機能しはじめたことが、ロビー活動が市民権を得た背景である。傍観していたら、いつ何時不利なルールに足をすくわれるかわからなくなったからだ。

ロビイストが不適切なことをすると……

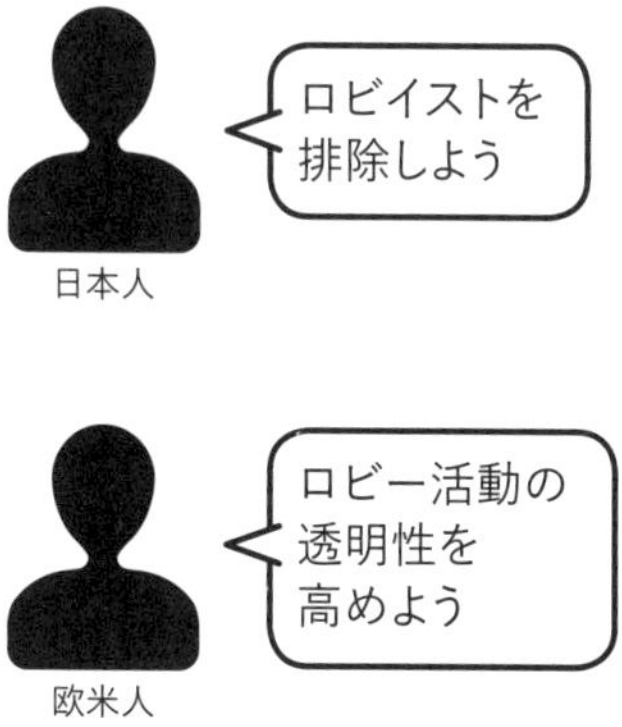

ロビイストは民主主義にとって
必要不可欠の存在

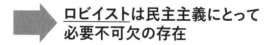

欧米の政策決定プロセス

〈同じ「議会」も国ごとに違う〉

欧米においてこれだけロビーが発展しているのは、ルール作りに参加するために、数多く存在する議員への働きかけが重要視されているからだ。なぜ重要なのかといえば、ある法案を審議するときに、ひとりひとりの議員が修正提案を出すことができるからである。日本における法案の採択は、与党対野党の多数決で、決まるのは一瞬という形がほとんどなので、日本人には想像することが難しいかもしれない。

たとえば欧州議会では、ある法案に200の修正提案が出されたとしたら200回採決を行う。採決だけで半日かかるようなこともあるのだ。また、日本のように党議拘束がないので、党に所属している議員も、自らが判断して採否を決する。それだけ細かく法案を修正できるからこそ、自分たちの意見を反映してもらうために、個々の議員へのロビイングが活発になる。

そして、ここが重要なところだが、欧州議会の議員たちも、法案をよりよいものにするためには企業をはじめとするさまざまな団体の意見に耳を傾けなければいけないとわかっている。だからEUでは、ロビー活動が正当な権利として認められている。

米国においても事情は似たようなもので、議員たちから多数の修正提案が出る。もちろん米国とEUで異なる部分も多々ある。米国議会には非常に多くの法案が提出されるのだが、そのうち成立するのは5%程度だ。というのも、米国議会では議員単独でも法案を提出することができるからだ。日本の場合は国会法56条において、「議員が議案を発議するには、衆議院においては議員20人以上、参議院においては議員10人以上の賛成を要する。ただし、予算を伴う法律案を発議するには、衆議院においては議員50人以上、参議院においては議員20人以上の賛成を要する」とされている。日本と比べれば、米国での法案提出はハードルが低いといえる。そのせいで、法案の中には、売名を目的にしているとしか思えないようなものもまじっていたりもする。

一方でEUはどうかというと、欧州議会の議員には法案提出権がない。では、法案を作るのは誰なのか。

〈EUの政策決定プロセス〉

ＥＵには28の加盟国がある。それぞれが文化も違えば言葉も違うし、政策においても異なる部分がある。それらを束ねるための機構もなかなかに複雑だ。まずは欧州議会。議会と聞くと、日本の国会をイメージする人がいるかもしれないが、法案を提出することはできない。彼らは加盟国ごとに選挙によって選出される。定数は７５１人（２０１４・駐日ＥＵ公式ウェブより）で、加盟国の人口によって議席は配分される。

法案を出してくるのは欧州委員会だ。欧州委員会は日本の官庁に相当する官僚組織であり、加盟国出身者で占められる。閣僚に相当する欧州委員には各加盟国にひとずつポストが割り当てられる。しかし、彼らは自国の利益ではなく、ＥＵ全体の利益を考えて行動することが義務づけられている。その点において、欧州議会や次で説明する欧州連合理事会とは性格を異にする。

このような組織が法案を作るので、米国のように廃案になることはほとんどない。企業にとって不利な法案が提出されてしまえば、あとはなんとかして修正を盛り込むべく、欧州議会の議員たちに接触を図るということになる。

欧州委員会が提出した法案を、欧州議会と共同で採択するのが欧州連合理事会だ。これは閣僚理事会とも呼ばれるが、加盟国から一人ずつ閣僚が参加している。一人ずつとは言ったが、誰か一人が役職を務めあげるというのではなく、そのときどきのテーマによって、加盟国から派遣される閣僚が出席するという形だ。メンバーが流動的なので、議長国は6カ月ごとに持ち回りで担当する。採決における票数は加盟国の人口に比例して配分されている。

現在のEUは、欧州議会と欧州連合理事会の二院制と見ることもできる。通常の立法の手続きにおいては、両者の賛成が必要になるからだ。法案は欧州議会で三読会制のもとで審議される。第一読会で修正された法案は、一度欧州連合理事会に戻される。そこで修正があれば、第二読会だ。第二読会を経ても、両者の意見が一致を見ない場合、それぞれから同じ人数を出して調停委員会が開かれ、最終的な決着はそこでつくことになる。

ＥＵにおいては、このように非常に複雑な政策決定プロセスが取られている。ただし、両者は非公式に調整を行っているため、ほとんどの場合、第一読会で法案は可決される。

〈米国の政策決定プロセス〉

米国議会には上院と下院がある。上院議員の定数は１００人で、各州から2人が選出される。任期は6年だが、2年ごとに、3分の1ずつが改選される。下院の定数は４３５で、任期は2年間。議席は各州の人口に応じて配分されている。

議員が提出した法案は、上院、下院それぞれに送られる。まずは委員会で審議され、そこを通過すれば小委員会へと送られる。多数の法案が提出されるが、審議する法案を選択する権限は委員長、または小委員長が持つ。

重要な法案の場合、委員会・小委員会での審議に際して公聴会が開催される。下院の監督・政府改革委員会がトヨタ自動車のリコール問題で、豊田章男社長を招致したことを覚えている人は多いはずだ。政府や民間、学識経験者、賛成・反対を問わず、広く意見を聞き、また、立法の過程を一般市民にも公開するという意図がある。

小委員会で修正された法案は委員会に戻され、再び検討される。その後、やっと本会議にかけられる。ほとんどの法案は、ここまでの過程においてふるい分けが行われ、重要度の低い法案は、当然ながら後回しにされる。

上院と下院は立法において同等の権限を有する。そのため、本会議での両者の結論が異なる場合、両院協議会が開催される。両院協議会後に、再び本会議に戻され、そこで可決されれば、あとは大統領の署名を待つのみということになる。ただし、大統領は法案を承認しない理由を明らかにし、署名を拒否することもできる。その場合でも、再び本会議に戻された法案が両院で3分の2以上の賛成を得れば、大統領の拒否権を超えて法案は成立する。

いくつもの段階を踏んで法案が審議される中で、修正、追加、削除が行われるが、その様は、まるで木が成長していくかのようである。この修正案も膨大で、「クリスマスツリー」と呼ばれることもあるのだが、このクリスマスツリーの中に、単独では成立できない見込みの高い、関連性が疑われるような法案をまぎれ込ませるという手口がある。そうすれば、委員会を経ずに一気に本議会での審議となり、本体の重要性ゆえに、法案成立の可能性はぐっと高まる。実際に、このような「コバンザメ」法案が成立しているのだから、米国も不思議な国だ。

すでに述べたように、法案提出後、最初の関門は委員会での審議だ。そして、そこから本会議に至るまでの道のりは非常に険しい。そのため、米国でのロビーにおいては、本会議に提出される前に、法案に関係する委員会の議員に働きかけることが重要だ。特定の委員会に所属し続けることで、議員はその道のスペシャリストになるし、委員長には大ベテランが選出されることが多い。

企業文化の違い

〈社会をよくする提案に徹する〉

日本と欧米では、政策決定プロセスも違えば、企業文化も違う。ロビーが根づいている欧米の企業文化とは、どういうものなのだろうか。フロンガス規制におけるロビー活動を例に見てみよう。

フロンガスは冷蔵庫やエアコンの冷媒として開発され、それまでのものと比べると、熱的・化学的に安定した物質であったことから、夢の化学物質ともいわれて急速に普及した。ところが、このフロンが太陽からの紫外線を防ぐという重要な役割を果たすオゾン層を破壊していることが明らかになった。1987年に採択されたモントリオール議定書はオゾン層を破壊するフロンなどの化学物質の製造、使用を規制するものだ。この決定により、先進国では1996年までにフロン使用を全廃しなければいけなくなった。

この議定書採択のためロビー活動していたのが、世界的化学メーカーのデュポンだ。1970年代にオゾン層破壊が世界的な問題となった頃から、原因物質のひとつがフロンではないかということは指摘されていた。当初、フロンの特許を持っていたデュポンをはじめ、多くの化学メーカーは規制に反対していた。自分たちの商品が売れなくなるのだから、当たり前の反応といえるだろう。

ところが、あるときを境にデュポンは姿勢を反転させる。デュポン単体ではなく、オゾン層の保護を訴えるNGOなどとも連携しながら、オゾン層破壊物質の規制のための運動を展開したのだ。

自社が利益を上げている製品を、あえて自分で規制する。なぜそんな自分の首を絞めるような活動をデュポンははじめたのか。フロンが槍玉に挙げられ、国際的にフロン規制が盛り上がるのを見たデュポンは、このままフロンにこだわり続けていても、いずれは大きな声に負けてしまうことを悟ったのだ。そして、フロンに代わる代替物質の技術に力を注いだことで、フロンが禁止されたとしても、次は代替製品を売ることで利益を上げる見通しが立ったのである。デュポンは、代替案を考えず、社会への悪影響を無視する従来のロビー活動を行うこともできた。しかし、公益に資するために、他社に先駆けて新しい技術を開発した。

この話を聞いて「デュポンは代替物質を開発できたから、自社の利益のために世間を誘導したケシカラン会社ではないか」と思われるかもしれない。しかし、それは本当にそうだろうか。オゾン層は現に壊れていて、その原因物質がフロンガスであるということは明らかなわけだ。フロンの製造をやめて、よりオゾン層への影響が少ないものを新しい製品に使用することは、社会全体にとって益となることだ。もしもこのとき、デュポンがフロン規制に向けて舵を切らなければ、世界的な動きはより鈍かっただろう。そのぶんだけ、オゾン層は破壊され、より多くの有害な紫外線が降り注いでいたはずだ。

だからこそ、デュポンが「フロンガスは規制すべし」と主張しても、競争相手はノーとは言えない。「このままオゾン層が破壊されていくのを、手をこまねいて見ているつもりか」と言われれば、ほかのメーカーも「それはよくないことだ」と認めざるをえないだろう。このようにしてデュポンは自社の商品を売る前に、公益を前面に押し出したフロン規制運動を行った。それによって世界的なルールが作られ、結果として大きな需要を生み出すことに成功した。公益こそが成功するロビー活動の必須要件である。

デュポンに限らず、同じような例はいくらでもある。福祉国家として知られるスウェーデンだが、自動車に関連する福祉用具の国際規格化にも大きく関与した。

規格の検討段階から、スウェーデン政府、規格協会、国を代表する福祉用具関連企業などが交渉に参加し、ISO10542として、車いす利用者が乗車するときの安全な固定方法を国際規格化することに成功した。そこには、スウェーデン企業の意向が反映されていることは言うまでもない。

実は、このISOが策定されたあと、自動車関連企業もまた、同じ分野でISOをつくろうとした。というのも、スウェーデン中心につくられた規格は、既存メーカーの安全性水準を遥かに上回っていたからだ。要は、このままISO10542が国際標準となってしまえば、その対応に追われてしまうため、なんとか対抗したかったというわけだ。

結局、自動車関連企業側は規格を策定することはできなかったのだが、このＩＳＯ１０５４２はＥＵ指令に引用されることになった。車いす利用者がより安全に自動車を利用できるようになり、理想の社会が一歩近づいたことになる。

この事実があるから、他国の企業や自動車メーカーも、ＩＳＯ１０５４２や、それによって販路を拡大したスウェーデン企業にケチをつけることはできないのだ。

〈相手の「ノー」を正当性で完封〉

フロンガス規制の事例からわれわれが学ぶべきことは多い。「持続可能な開発」「持続可能な発展」という言葉が登場して、もう随分になる。先進国ばかりが莫大なエネルギーを消費する時代はすでに終わった。新興国でも工業化が進み、世界はより深刻なエネルギー問題、環境破壊と向き合わなければならない。だから企業は、これまで以上に、自分たちが社会に対していかにして貢献できるかということを考える必要がある。そして、その貢献は、何も無償のものとは限らない。デュポンのように、結果的に自社に利益があったとしても、フロン規制自体のプロセスは不正に進められたものではない。つまり、企業が行わなければいけないのは、社会全体をよくしながら収益も上がるという提案である。その実現のために、ルール形成をするのだ。環境にいい技術とわかっていながら、市場で受け入れられるか確信がないために投資判断ができない、そんな事例はたくさんある。このときに必要なのは、その技術の環境上のメリットが理解され、受け入れられるように社会を変えることである。

逆に言えば、自社の製品を売りたければ、まずは社会をよりよくするための道筋を考えなければいけないということだ。それを単なる理想論で終わらせるのではなく、自社の製品で理想の社会を実現させようとする。そんなストーリーをつくれるかどうかが問われているのである。

〈世界標準は理念ベース〉

社会がどうあるべきかという大きな理念をまずは提示し、その結果として商品が売れる。社会が変わることで、埋もれていた優れた商品に正当な評価が下されるようにする。そんなふうに理念を明確に打ち出すことは、欧米のグローバル企業が当然のこととして行っている。ＩＴ企業にしても、より便利で快適な社会を目指すという目的を掲げ、障壁となる政策と対決する。このような状況は、日本企業にとってはまだ別世界のことのように感じられる。

これは「好き嫌い」の問題ではないのだが、やはり日本人は全体として理念を持ち出すことが好きなほうではなく、理念や原則というものがどうもしっくりこない。それは交渉に際しても同様だ。しかし、欧米人は理念からスタートする。交渉において、彼らは理念を「建前」ではなく「本音」として話す。その違いに関して正しく理解しておかなければ、ロビー活動は成功しない。

日本企業が製品を売り込むとき、最初にこんなことを言うだろう。「この製品はこれだけランニングコストが優れていますよ」。自社製品のアピールポイントを説明するわけだ。もちろん、これはこれでいい。しかし、世界的なルール作りの現場は情け容赦ない。そこで基準になるのは、やはりグローバルに通用する価値観であり、理念に根ざした主張を求められる。熟練のロビイストは損得勘定の話から切り出さず、理念を押し出す。「これからの地球を考えたときに、もっと環境に配慮しなければならない。そのためにわれわれに何ができるだろうか」。理念などというものをあまり考えていないと、「え。この人たちは何を言っているんだ」と面食らい、対応できないかもしれない。

欧米人「もっと環境に配慮するために、われわれ人類にできることはなんだろう」

日本人「それならうちの製品は省エネですよ」

欧米人「今は個々の製品の話をしているのではない。社会制度のあるべき姿について話をしているのだ」

日本人「だけど、間違いなく環境に優しいですよ」

欧米人「まずはこれ以上の環境破壊を進行させないために、この基準からはずれる製品は販売できないようにしよう」

日本人「(制度?　基準?　またタイソウな話だな……。しかし、どんな基準かはわからないが、うちの技術力があれば、どんなものでもクリアできるだろう)」

欧米人「ではわれわれが作ったこの基準を、ほかの国でも遵守するようにすべきだな」

日本人「(俺たちは環境規制が厳しい日本で商売してるんだ。どんなルールを持ってこられても乗り越えられるさ)」

欧米人「ところで、日本が販売しているこの商品は、われわれのルールに反しているから規制する必要があるな」

日本人「え！　そんなばかな。いったいどこが反しているっていうんですか」

欧米人「われわれの基準をよく見てみろ。おたくはAも、Bも、Cも守れていないじゃないか」

日本人「(そんな！　日本とは全然評価軸が違う！)」

欧米人「これでは、今後日本製品は輸入することはできないな。環境を守るためのルールに適合していないんだから」

日本人「すいません、待ってください。皆さんのルールに合うように、製品を作り直してきます」

欧米企業が先導したルールに適合させるべく、日本企業が商品開発をやり直している間に、欧米企業はシェアを押さえてしまう。その隙間を縫いながら販路をこじ開けていくために、コストばかりがかさむ……。それがこれまで日本企業が経験してきたことだ。そんな場面で「あいつら、あんなきれいごとばっかり言いやがって」と愚痴をこぼしたところで何も得られるものはないのだ。

理念で主張してくる相手には、こちらも理念をぶつけなければいけない。スタートの段階では「うちの商品をもっと売りたい」というビジネス的な観点であることはかまわない。交渉において重要なのは、相手に伝わる言葉で伝えるということだ。日本が技術力で優っていたとしても、技術をベースに相手に主張したところで、相手には伝わらない。技術ベースではなく、理念に昇華させて主張することが求められるわけだ。

欧米人「もっと環境に配慮するために、われわれ人類にできることはなんだろう」

日本人「日本の環境規制は非常に厳しいため、われわれの製品は環境負荷も低い。各国においても、日本のルールを参照しながら技術開発することが必要ではないでしょうか」

欧米人「(確かに日本の技術力は高い。すぐに追いつくことは難しいな)」

日本人「合わせて、世界的にも進んでいる日本の環境規制を各国も導入すべきです。国際的なルールとして採用しましょう」

欧米人「それは急でしょう。そんなこと言われてもすぐには対応できない」

日本人「いえいえ。世界的な環境問題はもう待ったなしの状況です。各国が手を取り合って環境を守っていくためには、今すぐ行動を起こすべきです」

欧米人「しかし、この基準だと厳しすぎる。環境保護は重要だが、多くの企業が倒れてしまう」

日本人「では段階的にルールを適用していきましょう」

欧米人「(まいったな。今から製品開発しても、規制に間に合うか、ぎりぎりだぞ……)」

これが、技術を背景にしながら、理念に昇華させた交渉の一例だ。単に技術力を高めればいいというのではなく、欧米でのスタンダードである理念ベースの話に落とし込んでいかなければならない。この際、多少無理をしてでも高い理念を掲げることが肝要だ。日本人は現段階で確実にできる見込みがあることしか目標に掲げない。結果として、こちらからすれば到底達成できないような目標を設定する欧米の企業が注目を集めてしまう。「できもしないことを言うな」というのは、子どもの頃から大抵の人が教わってきたことだろうが、それが国際社会でも通用するというのはちょっとした思い違いだろう。理念ベースで話が進む国際社会の交渉の現場において、それを高らかに語ることのできる人間と、その理念を達成させるための実行部隊は別であっても何の問題もない。貧困をなくすという理想を達成するための手段を持たない人は、貧困をなくそうと発言してはいけないのだろうか。そんなことはないだろう。

日本企業がロビーに取り組むためには、企業の理念や、あるべき社会について真正面から取り組む姿勢が求められるのだ。

どんなに平均点が高くても
敵のロビーは、弱点をついてくる

	環境規制A	環境規制B	環境規制C	環境規制D	環境規制E
日本車	◎	○	◎	○	△
欧州車	○	○	○	△	○

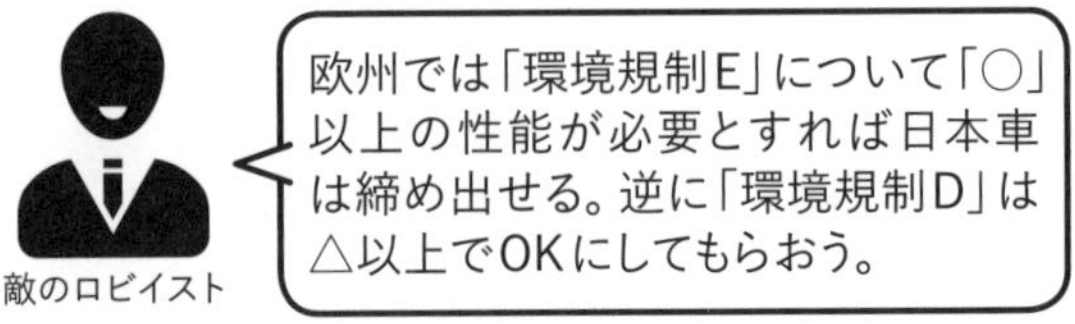
敵のロビイスト
欧州では「環境規制E」について「○」以上の性能が必要とすれば日本車は締め出せる。逆に「環境規制D」は△以上でOKにしてもらおう。

〈欧米から学ぶべきこと〉

日本企業はすでに技術を持っている。しかし、ルールや政策に注意を払い、積極的に関わる姿勢が欠けているために後塵を拝する。自分たちの技術をどう売り込んでいくのか、その社会的フレーミング（ある物事に対してフォーカスする部分を変えることで、違う印象を与えること）をまずはしっかりと行うことが必要だろう。ある商品を売るときに、なぜそれを売ろうとするのか、何と呼びかけて売るのかということを、今一度考えるべきだ。自分たちの技術が世界を取り巻く諸問題の解決のために、どれだけ貢献するものであるか。機能性や革新性といった話を超えて、その一歩先の社会課題と製品を結びつけるという視点が必要とされている。

欧米では企業の持続可能な成長を達成するために、未来に対して投資している。そのために経営者だけでなく、従業員も、また社外の人も巻き込んでいる。そして、社会問題の解決に資する製品やサービスを生み出そうとしている。日本企業は、社会問題解決のための技術をすでに持っているのに、それを発信することができない。結果、世界の中で日本の力が適切に評価されない。そんな時代はもう終わりにしなければならないだろう。

〈理念を堂々と語る企業になろう〉

たしかに日本は世界的なルール作りで存在感を示すことができていない。それは地理的な要因も絡んでいる。アメリカには国際連合本部があり、ヨーロッパにはＯＥＣＤ（経済協力開発機構）やＷＴＯの本部がある。だからルール作りに携わる欧米人は、かなり密な意見交換を日頃から行っている。意思決定の前の段階から、オフィシャルな場に限らず、飲み会などでも重要な議論を交わしているのだ。

日本は距離的に彼の地から遥か遠いせいなのか、そういった場に乗り込むことをしてこなかった。そのために、今、ルール作りで出遅れが生じ、日本は包囲網を築かれつつある。劣勢を覆すには国任せにするのではなく、民間企業もルール形成の土俵に乗り、プレイヤーとして活躍する心構えが必要だ。

政策やルールに自分の主張を反映させようと思えば、「公益のための」という観点からビジネスを意識せざるをえない。企業がルール作りに乗り出すことで、ビジネスの公益性がこれまで以上に重視されるようになるのだ。だから「企業が政策に口を出すなんてけしからん」という批判は、やはり的を射ていない。ビジネスは重要なステークホルダーなのだ。ステークホルダーの積極的関与はよい政策、合理的ルールの形成に必須の条件である。

「日本はこれからこういうことをやっていくべきで、そのためにはこんな政策が必要だと思います。われわれはそのビジネスを引っ張っていく覚悟がありますから、がっちりとスクラムを組んで一緒にやっていきましょう」。企業の経営者から行政に対して、こんな申し出ができるようになれば、日本は間違いなく変わるはずだ。

まとめ

- 欧米においては、ロビーは正当な権利として扱われ、その必要性を政府も認識している。
- 社会をよくする公益性のあるロビーを身につければ、日本企業は強くなる。
- 逆に、社会貢献にならない、公益に資することのないロビー活動は、厳しい批判の対象になる。

3

Bible of LOBBYING

日本でロビーが遅れた理由

ITALY

〝米国には3万人以上のロビイストが、
EU関連機関が多く置かれている
ブリュッセルにも、1万人以上の
ロビイストがいるといわれている。〟

日本人的感覚が邪魔をする

〈ルール作りに縁遠い日本企業〉

日本初の鉄道が新橋・横浜間に開通したのは1872年の10月14日。事業としての鉄道が英国ではじまってから47年後だった。一度に大量の旅客や貨物を運ぶ陸上輸送機関の出現は、社会生活や産業構造を変える革命的意味を持ったが、当時の世界では抵抗も大きかった。

「人間の肉体は時速24キロ以上の走行に耐えられるのか」「汽車のスピードと精神的ストレスに因果関係はあるか」——欧州に鉄道網が広がりはじめた

1830年代には、医学の専門家を巻き込んで、こんな大論争が起きたそうだ。時速200キロをはるかに超える列車が走る今では想像もできない反対論の背景には、馬車や水運など既存の輸送業者のロビー活動があったとされている。

何か新しいことをやろうと思えば、旧来の規制を打ち破ったり、既得権益を守ろうとする人々とも戦ったりしなければならない。しかし、日本企業はそれを苦手としている。

日本企業がロビー活動やルール作りに無頓着な理由のひとつが、ルールは上から与えられるものだという認識が刷り込まれていることだ。政府がルールを作り、それを遵守するのが当然だというのは、日本が鎖国しているならいざ知らず、グローバル化した社会にあっては時代錯誤だ。大企業の経営者でも、その重要性に気づき、行動を起こしている人は少ない。多国籍企業に勤め、海外勤務を経験し、欧米の空気にふれてきたエリートたちも、日本に変革をもたらすには至っていない。国内のルール作りは多かれ少なかれ政府にお任せというのが現状である。

同様に、国際的なルール作りの交渉もお上の仕事、我関せずとあっては、今後、日本企業が生き残れるか危ういと言わざるをえない。少子高齢化と人口減で国内市場はシュリンクし、グローバル企業の国内流入は止まらない。

世界中の国々はルール作りにしのぎを削ってきた。なぜ日本企業がこれまで無関心でいられたのか。その理由のひとつが、「改善と改良」だ。もちろんそれは非常に大切なことだ。しかしそこにあまりに注力してきたことが、やはり今日の日本企業のものの考え方にそれなりに影響を与えている。これまでの歴史を振り返ったとき、日本はまったく新しい、世界初のものをあまり生み出してこなかった。自動車がいい例だろう。優れたデザイン・燃費・静粛性、そういったことに心血を注いだ結果、日本の自動車は世界中へ輸出されることになった。自動車はすでに存在していたものであり、改良と改善を重ねることで商品価値を高めたのだ。その際、ルールについて意識が働く必然性はあまりなかった。

逆に自動車を発明したとしたらどうなるだろうか。道路の左を走るべきか、右を走るべきか、そのレベルから決める必要がある。保険制度が必要ではないか？　そもそも交通法規を作らなければならないのではないか？　そんなことを一から考えずにすむという点で、改善改良は楽であるともいえる。本当に新しいものを作り出そうとするなら、社会に受け入れられるよう、同時にルールも作らなければいけない。だからルールを作る能力が要求されるのだ。

ルール作りの能力というのは、要するに社会に対して働きかける能力である。日本企業が外国企業よりも優れた製品を作る技術を持っていたとしても、その能力が欠落したままでは、自らを不利な立場に置き続けることになる。

高度経済成長期においては、政府が強力なリーダーシップを発揮した。「所得倍増計画」を打ち立て、人々に夢と希望を与えた。加えて、労働賃金も今と比べればうんと安かったし、円ドル相場固定制も輸出に有利に働いた。現在の日本にはない強みがあったのだ。それらが失われた今、日本は新しい武器を手にする必要がある。それがロビーなのだ。

〈経営者の意識も違う〉

企業がロビーを行うためには、まず経営者が意識を改革させなければいけない。欧米企業と日本企業の意識の差は、さまざまなところから見てとることができるが、経営者の発信力の違いもそのひとつだ。

世界経済フォーラムの年次総会はスイスのダボスで行われる。世界「経済」フォーラムと冠してはいるが、約2500人の参加者には財界だけでなく、国際的な政治主導者、知識人などそうそうたる顔ぶれが集まる。この年次総会、ダボス会議では、14年に日本人で初めて安倍晋三総理が基調講演を行った。実はダボス会議には100人ほどの日本人が参加している。ところが、その場で存在感を示せる人物は必ずしも多くない。他国の経営者のように、セッションで侃々諤々の議論をし、あるいは理想を語り、ビジョンを示すことは、確かにそう簡単なことではない。しかし、各界のトップを走る人材が集まっているせっかくの機会であり、活用次第では日本企業が海外に打って出るための格好の場になる。

ダボス会議だけではない。国際社会へのアピールの機会を、日本企業は多くの場合、有効に使えていない。これは日本でロビー活動に意識的に取り組む企業が少ないこととも関係している。ダボス会議のような場での欧米経営者の発言は企業として考え抜かれたグローバルなロビー戦略そのものなのである。企業として、自社の宣伝を超えて国際社会に対して何を訴えていくべきなのか、そうすることが企業活動と何の関係があるのかについて、欧米企業は悉知している。

積極的に国際社会を動かす姿勢の欠如は日本企業の組織図にも表れている。たとえば、政府や市民団体との交渉にあたる独立した部署を持つ企業は多くない。欧米の場合はまったく事情が違う。渉外部門は独立しており、日本企業のように法務部や広報部の一部に組み入れられていることはない。また、経営のトップ層にも直結している。これは欧米におけるロビー活動が、企業の中長期的な事業戦略と密接に関係しているからだ。企業は自らの社会観・政策意見を持つので、政府と意見を異にすることも当然ある。欧米ではそれが当たり前であり、新たなビジネスチャンス創出のためには、政府と対立することも辞さない。ロビー部隊がトップと直結しているからこそできることである。

この違いが、日本と欧米企業の競争力に少なからず影響を与えている。企業がロビーを有効活用するには、企業の経営者がロビーを理解することからはじめなければいけない。そうやってようやく、日本企業はスタート地点に立つことができる。

異文化コミュニケーションを可能にするロビー

〈翻訳力を身につけろ〉

ルール作りや、積極的に声を上げることの重要性に気づいたとしても、自分たちの主張を声高に叫ぶだけでは何も変わらない。というのも、こちらの主張を相手に理解してもらうためには、価値観の相違を踏まえなければいけないからだ。

科学や技術といったものは万国で尺度が共通している。しかし、もっと価値観に絡むようなものが議題に挙がった際、必要になるのは「翻訳力」だ。ひとつ、国際的な例を挙げよう。

ＷＴＯの交渉の場で、アメリカがアンチダンピング関税の実施を主張した。ある安値輸出に対して、特別に関税をかけて国内を保護するのがアンチダンピングだ。自由主義的な観点から見ればそもそもナンセンス極まりないから、「安値の何が悪い。アンチダンピング関税は自由貿易の原則に反する」との主張もある。

自由主義を国是と掲げているはずの米国は、自由貿易側の意見に真っ向から反対した。「ＷＴＯの条文には、自由貿易とは書いていない。フェアな貿易と書いてある。フェアな貿易を脅かされたときに発動するのだから、アンチダンピング関税は正当だ」と彼らは言う。アンチダンピングというひとつのものに対して１８０度違う価値観があるわけだ。アンチダンピングが経済学的にいえばナンセンスだからといって、交渉相手がナンセンスだと１００回言ったとしても、米国はそうではないと返すだけ。それでは会話にならない。だから、米国が主張する「フェア」という文脈の中でアンチダンピングのどのような点が不当なのかを説明しなければいけない。

日本国内にあっても事情は同じで、相手の文脈にこちらの主張をうまく乗せなければいけないから、やはり翻訳が必要だ。会社内でしか通じない理屈を持ち出しても、ルールに影響を与えることはできない。

逆に言えば、「企業の理屈」を翻訳して、社会に受け入れられるような提案に仕立て直す作業がロビーであるということになる。

〈陳情からロビーの時代へ踏み出そう〉

海外では多くの場合、企業が単なる陳情にやってきたところで話を聞いてはくれないし、日本のように、現地の経済産業省が他省庁との調整をしてくれるということもあまりない。企業が担当の省庁にやってきて、「環境について相談したいんですが」と言っても、ほかの役所には取り次いでくれないのだ。今度は環境省に行って「困ってるんです」と言ってみても、「私たちの仕事は環境を守ることですから、おたくが困っているなんて知りません」と返されて終わる。日本であれば、まだいくらか効果があるであろう「ご理解いただけませんか」という言い方も、海外では効力を発揮することはない。

たとえば現地の環境規制で困っている日本の会社があると、環境当局に対して、「わが社はこんなに雇用してます。○○の工場ではこんなに現地で雇用を生み出して、地域に貢献してます」という話をはじめたりする。しかし、環境当局の仕事は雇用を守ることではない。当局にしてみれば、「だから許してほしい」というお願いにしか聞こえないのだ。その主張が受け入れられるとは考えられないし、たとえ受け入れられたとしても、社会から納得はされないだろう。

では、ロビイストであればどうするか。たとえばこのような手があるだろう。まず、環境当局ではなく、地元の議員に話を持っていく。「わが社はこんなに地元で雇用している。なのに環境規制が入ったら雇用が失われますよ。先生、それでいいんですか」。環境当局が相手なら相手にされない意見であっても、地元の人間であれば、「たしかにそれは大変だ」ということになる。そうすると環境規制が本当に妥当なものか、もう一度調べるために環境当局に掛け合ってもらったり、環境に配慮しながら、雇用も減らさないような方策がないのかをともに考えていこうという、次のステップにつながっていく。相手の文脈にこちらの主張を乗せるというのは、こういうことだ。

どんな相手にどんな主張をぶつければいいかを間違えてしまう企業は多い。相手の文脈の中で交渉するという意味が十分に理解できていないのだ。相手によってロジックを変えていくというのは、欧米では当たり前のことである。相手がどういう価値観を持っているのかを考えて、環境当局の人に話すときは、「こっちのほうが長期的には環境にいいはずだ」というようなストーリーを持っていく必要がある。

日本企業は自分の弱みを簡単に明らかにしてしまうこともある。しかし、「ちゃんと問題点を伝えて、相手に理解をしてもらおう」という発想は欧米では通用しない。「うちはこう困るからこれは嫌です」と正直に伝えることはマイナスなのだ。「こう困る」という手の内をさらしてしまえば、そこを集中砲火したら、ほかでいくらでも対価をもぎ取れるな、と相手は考える。

日本では自分たちの弱みをさらすということは、腹を割って話す誠意ある姿勢だとされている部分がある。お互いに弱みをさらすことによって連帯感を醸成するという文化だ。一方の欧米企業は困るポイントを明らかにはせず、そこをうまく避けて話を組み立てる。欧米企業との交渉において、「私はここが弱いんです」と言うことは、戦場で手を上げながら標的はここですよ、撃ってくださいと言うようなものなのだ。甘い考えは払拭しなくてはならない。

今まで日本で通用してきたお願いや陳情は、かくも力の弱いものなのだ。そして、時代の流れとして、もはや日本でも通用しなくなる。だから企業はロビーを通じて、主張し、交渉することが求められる。ロビーによって企業の未来を切り拓くためには、徹底した意識改革が必要だ。

まとめ

- 日本企業や経営者は社外とのコミュニケーションをおろそかにする傾向があった。
- ロビーによって企業のコミュニケーション力を強化することができる。

4

Bible of LOBBYING

ロビー活動の始め方

IS-PACIFIC PARTNE
Auckland, New Zealand

〝アメリカには国際連合本部があり、ヨーロッパにはＯＥＣＤやＷＴＯの本部がある。地の利を生かして、ルール作りに密接に携わる欧米人は、オフィシャルな場に限らず、飲み会などでも重要な議論を交わしている。〟

ロビーは利益を生む

〈ロビーは事業環境整備である〉

設備投資による作業効率の改善も、たしかに企業の利益を増大させる。しかし、モノやサービスを売る市場がなければ、当然ながら頭打ちだ。他方で、自社に有利な条件を整え、そこで事業を展開することを主眼に据えるとどうか。文化が異なる国に乗り込んで、新しい文化を根づかせ、需要を生み出す。他社よりも優れた技術で国際規格を押さえ、世界中に自社の製品を流通させる。不当な国際ルールが生まれそうであれば、成立前に対抗策を打ち、逆に国内の基準を国際ルールとして採用させる。そんなことができれば、自社が押さえている市場はそのままに、新たな市場を獲得することができる。ロビーはそのために行うものだ。

グローバル化が進む中で、あらゆる企業が国際的なルールと無関係ではいられない。どれだけ技術力を持った会社でも、ルール次第では経営難に追い込まれることがある。だからこの時代において、ロビーをやらないという選択肢はありえない。

この章では、今一度、ロビーが生み出すメリットを確認し、それを享受するために必要な体制について考えていこう。

ロビー活動スタート時のチェックリスト

ジャンル	実施項目
基本体制の確立	チーム・体制決定
	契約書関連
	キックオフMTG
社内 FACT 調査	ロビー体制現状把握
	自社ロビー活動確認
	ロビー活動ツール・組織チェック
	スポークスパーソン確認
	そのほか社内FACT確認
社外 FACT 調査	業界研究
	競合企業・競合調査
	ターゲット調査
	既在政策調査
	競合ロビー活動調査
具体的な ロビー活動の策定	ビジョン・アジェンダの設定
	経営理念・企業文化の再定義
	ロビー方法の設定
	スケジュール作成
ロビー活動ツール制作	基礎報道資料作成
	政策提言用資料作成
ロビー対象リスト	メディアリスト作成
	重点攻略対象の設定
ロビー活動実施	メディアへの働きかけ
	政治家への働きかけ
	行政・官僚への働きかけ
	業界団体への働きかけ
	有識者への働きかけ
	各種関連団体への働きかけ
	世論への働きかけ（PR手法を援用）
報告・ミーティング	レポート提出
	定例ミーティング

〈3つのロビーが企業に力を与える〉

企業のロビー活動は何を目標とするかによって、大きく3つに分けることができる。「攻めのロビー活動」「守りのロビー活動」、そして「情報収集」だ。

攻め・守りのロビー活動

- 売り上げの増加・売り上げ減少の回避
- コストの削減・コスト増の回避

新規市場の開拓や既存市場の掘り起こし、あるいは新しい技術や製品を世に送り出すケース。市場で自社に不利なルールが敷かれている場合、それと戦う必要が出てくる。また、これまでにないものを流通させるためには、ゼロからルール作りを行わなければいけない。もしルール作りを放置してしまえば、後進のライバル企業に立場を取って代わられる。当然ながら時間はかかる。交渉も一筋縄ではいかないだろう。海外に展開するならなおさらだ。

情報収集

攻めのロビーに打って出るための市場調査、あるいは自社に不利なルールが作られないように目を光らせるのもロビー活動だ。国際的に新たなルールを作るという場合だけでなく、グローバル企業、特に新興国に進出している企業にとっては、情報収集は生命線である。新興国においては、朝令暮改の政策転換や、思いもよらないようなルール改定が先進国と比べて起こりやすい。東南アジアの市場で、自動車の安全規制が全面的にEU規制準拠になり、日本メーカーがショックを受けるというようなことが現に起こっている。不利なルールができてから、後追いで対応していたのでは間に合わない。なんとか対抗策ができた頃には、別のグローバル企業が市場を食い荒らし、わずかの隙間も残されていないこともありうる。

これまで挙げてきたロビー活動の例を見て、「こんなのはおかしい」と思う人はいないだろう。透明性のあるロビー活動は、決して企業イメージを損なうことはないし、むしろ事業を安定させ、成長を促す。だからこそ、企業を挙げて取り組むべきであるし、投資すれば、それに見合ったリターンがある。

これまでは、困ったことがあれば関係当局に頭を下げにいっていたかもしれない。しかしこれからは、官と連携して対抗策を練り、むしろ攻めに回るべきだ。

大きな物事は業界団体任せで、政府や官僚との折衝なんて考えたこともない企業もあることだろう。しかし、団体を代表するような大企業でも、ロビーの重要性を正しく理解し、行動を起こせているところは少ない。だからまず、あなたの会社がロビーをはじめるしかないのだ。

ルール作りから参加するための情報収集の強化を!

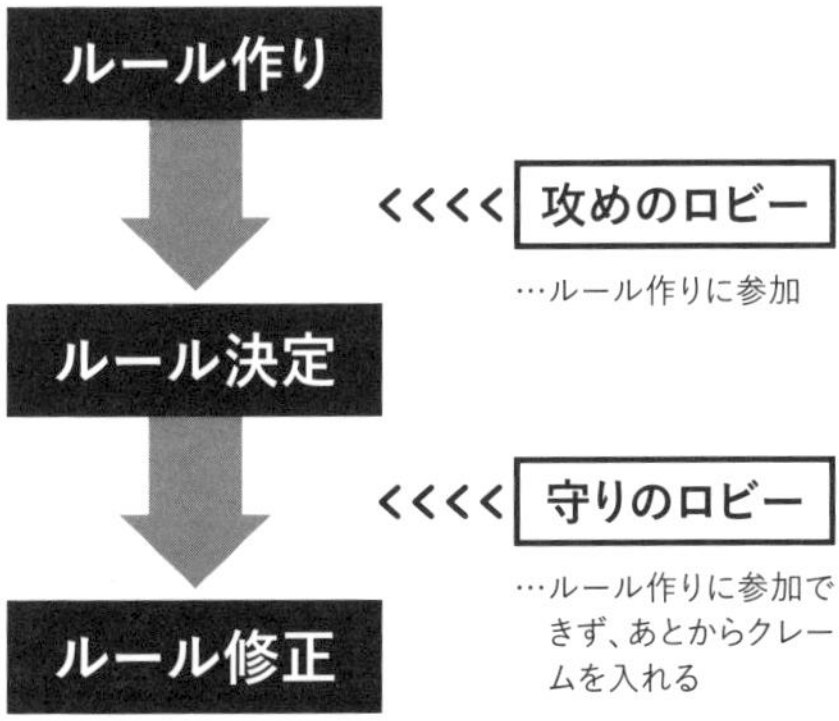

図版作成:(株)ベクトル

ロビーができる会社になるために

〈経営層と直結したロビーチームをつくる〉

韓国ではドラマにもなったロビイスト。日本ではロビイストになじみがないため、飛び抜けた技能を持った人が華麗に活躍するような様を思い浮かべるかもしれない。ロビー活動の3つの目的、それを果たすための企業の活動内容は多岐にわたる。当然ながら、ロビーのスペシャリストが一人だけいても、そのすべてをカバーすることは到底不可能だ。また、情報収集に関しては、攻めようと思ったとき、あるいは守ろうと思ったときだけではなく、常日頃から活動をしておかなければならない。つまり、何か事件が起こってから、一人のロビイストを派遣し、そのスーパープレイで企業を守ろうとするのではなく、欧米企業にならって、常設のロビー専門チームをつくってことにあたるべきだ。

もちろん、ロビーに関する造詣が深い人材は、あまりにも少ないから、単に頭数をそろえただけではチームは機能しない。専門の組織をつくり、社内での位置づけを明確にし、トレーニングを積み、実戦からフィードバックを得て、また訓練をする、そんな体制をつくることが肝心だ。

そしてそのチームは経営層と直結させなければいけない。

ロビー活動は、短期的な目線で行うものではない。自社の強みや弱みを理解したうえで、中長期的な観点から、必要な事業環境を整備するために行うものだ。だからロビーチームの行動には、事業戦略が密接に関わってくる。経営層が、「こっちだ」と明確に方向性を示さなければ、チームは身動きが取れない。

ロビー活動で得た情報をもとにして、すばやく判断し、行動を起こすためにも、間にむだなものはないほうがいい。また、時には政府や官僚と意見が衝突することもある。参入を妨害する障壁を取り除かせるために、敵地に乗り込み、現地の高官と交渉を行うこともある。そんな大仕事を、ある部門に投げっぱなしにする経営者はさすがにいないだろう。ロビーをやると決めた企業の経営層は、自らが先頭に立って、ロビーとはこういうものだと伝えなければいけないのだ。

会社組織を適切につくり変えることで、事業戦略にマッチしたロビーを展開することができるようになり、最大のシナジー効果を生むことになる。

〈ロビーチームは何をするのか〉

日本企業が海外展開する場合、「ただルールに従う」という日本人の気質がそのまま反映されることが多い。地元政府との実際の折衝を現地役員に一任するのはともかく、その方針までも現地任せである。いわばボトムアップ型の対応であり、各地でルールや政策が違うために、グローバルに展開しているにもかかわらず、その強みを生かしきれない。一方の欧米企業ではトップダウン型だ。本社が決定した渉外戦略は海外拠点にも下りてくる。経営層が企業のビジョンをもとに「あるべき社会とはこうだ」と示し、「その社会を実現するためにわが社は全世界的にこのように行動するべし」と指示を飛ばす。現地の人々は、その方針の実行部隊として行動する。実現のために、現地のルールが障害になるようであれば、それを変えるために働きかける。

グローバル企業にあっては、ロビーチームは本社と現地をつなぎながら活動する。国内にあっては政府と企業との橋渡し役となる。チームには政治や政策、ルールに精通していることが求められる。それらを監視し、新たな動きが起これば、自社が受ける影響を分析し、攻めるか守るか、会社がどのように関わっていくべきかを検討し、経営陣に提言を行う。そして、それを実行すべく、議員や行政官との折衝、社会への訴えかけ、合意形成に乗り出す。

たとえばある食品添加物Aに使用規制の話が持ち上がったとする。自社が代替の添加物Bに関するノウハウを持っていれば、他社にさきがけ、代替品に切り替えた商品を売り出すべきであると経営層を説得する。また、Aがいかに有害であるかということを有識者や消費者団体とともに世間に訴えるためのパンフレットを作り、配布する。逆に使用規制が会社にとって大打撃になるのであれば、そもそもその規制が妥当なものであるかを検討する。研究機関に調査を依頼し、Aの人体への影響を多角的に洗いなおす。代替品Bにおいても同様だ。調査の結果、Aは大量に摂取しない限り健康被害は起こらないが、Bは少量であっても体質によっては悪影響を及ぼすという事実が明らかになったなら、Aの大量使用のみを制限すればよいはずだ。全面的な使用規制は適切でないという論陣を張り、社会的合意を得るために呼びかけを行う。使用規制が覆りそうになければ、よりよい代替品Cの開発に注力すべきだという結論になるかもしれない。

最終的な経営判断は上層部が下すことになるものの、ロビーチームはかなり広い分野を横断的にカバーする必要がある。簡単に整理すると、3つのポイントに絞られる。

ポイント1：ビジョンとゴールの設定
ポイント2：ステークホルダーの洗い出しとターゲットの選定
ポイント3：ターゲットに応じた戦略の設定

ポイント1：ビジョンとゴールの設定

まずは、ビジョンとゴールの設定である。

ルールを作る側に回るためには大義が必要だ。自社への利益を誘導するためにルールを作るのではない。社会問題を解決し、よりよい社会を目指すにあたって、会社がいかに貢献できるか、貢献するつもりなのかを明確に示しておくべきだ。つまりはビジョンを定めるということである。そのビジョンでもって、会社が向き合うべき経営課題、アジェンダを設定する。「社会はかくあるべし。そのためにわれわれが何をすべきか」という、すべての行動の基礎となる部分を固めるのだ。

そのうえで、達成すべきゴールが設定できる。部分的に自社にとって不利な条件であっても、どこまで譲歩できるのか。大きなビジョンを設定することで

ビジョンの策定が急務だ!

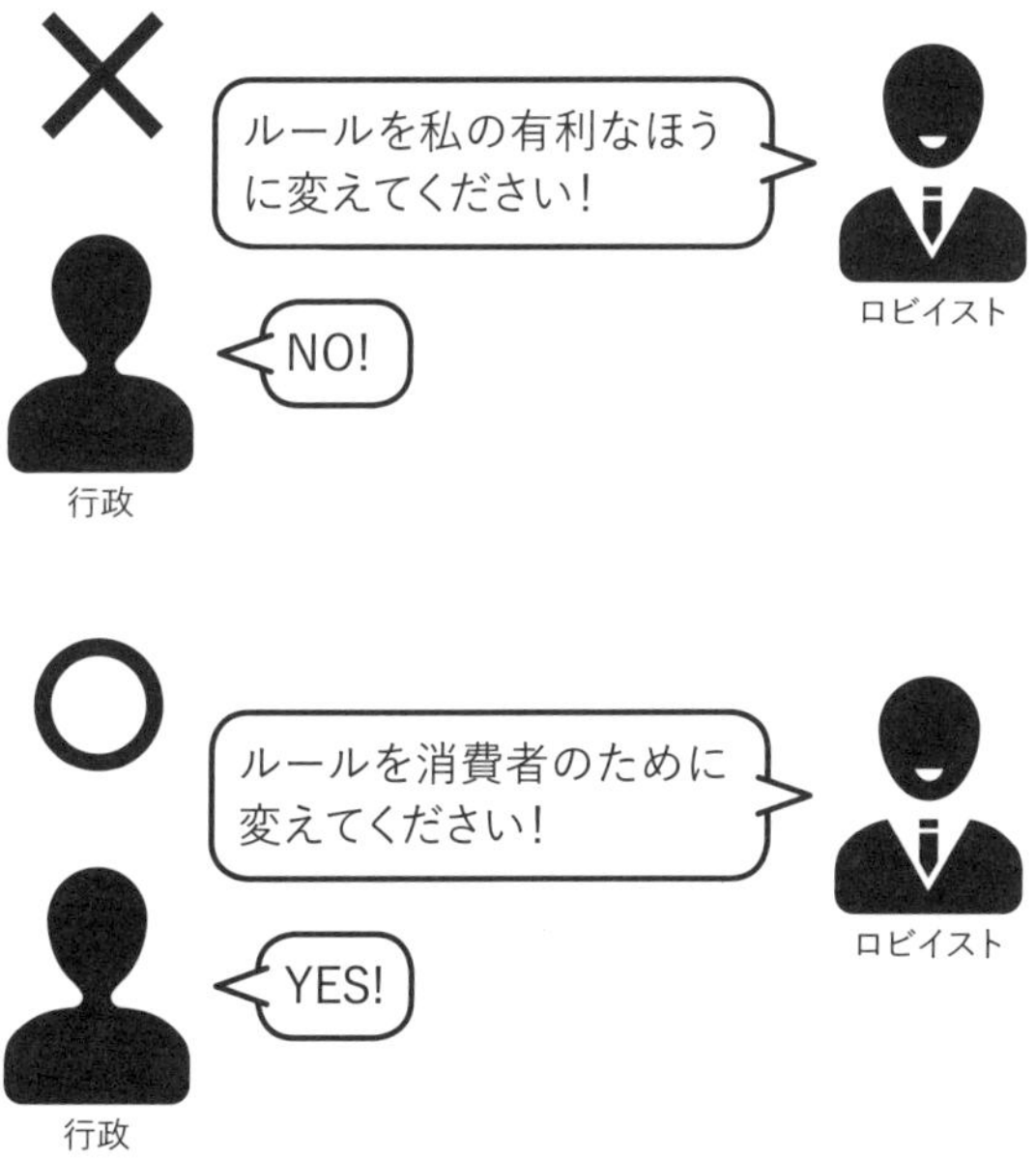

図版作成:(株)ベクトル

明確なゴールが設定できる。

ポイント2：ステークホルダーの洗い出しとターゲットの選定

俗にターゲットマッピングと呼ばれている作業である。設定されたゴールに向かうにあたって、情報収集によって、すべての関係者をまず議論の俎上に載せることだ。

ルールメイクにあたって対立する業界や、有識者、ライバル企業、関係省庁とそのキーパーソンを一覧にする。精度の高い情報収集能力が必要となってくるが、これが完成されれば、計画の成就は半ば達成されると言っても過言でない。

ポイント3：ターゲットに応じた戦略の設定

できあがったターゲットマップをもとに、どのようにして、対立する業界、

ターゲットマッピング

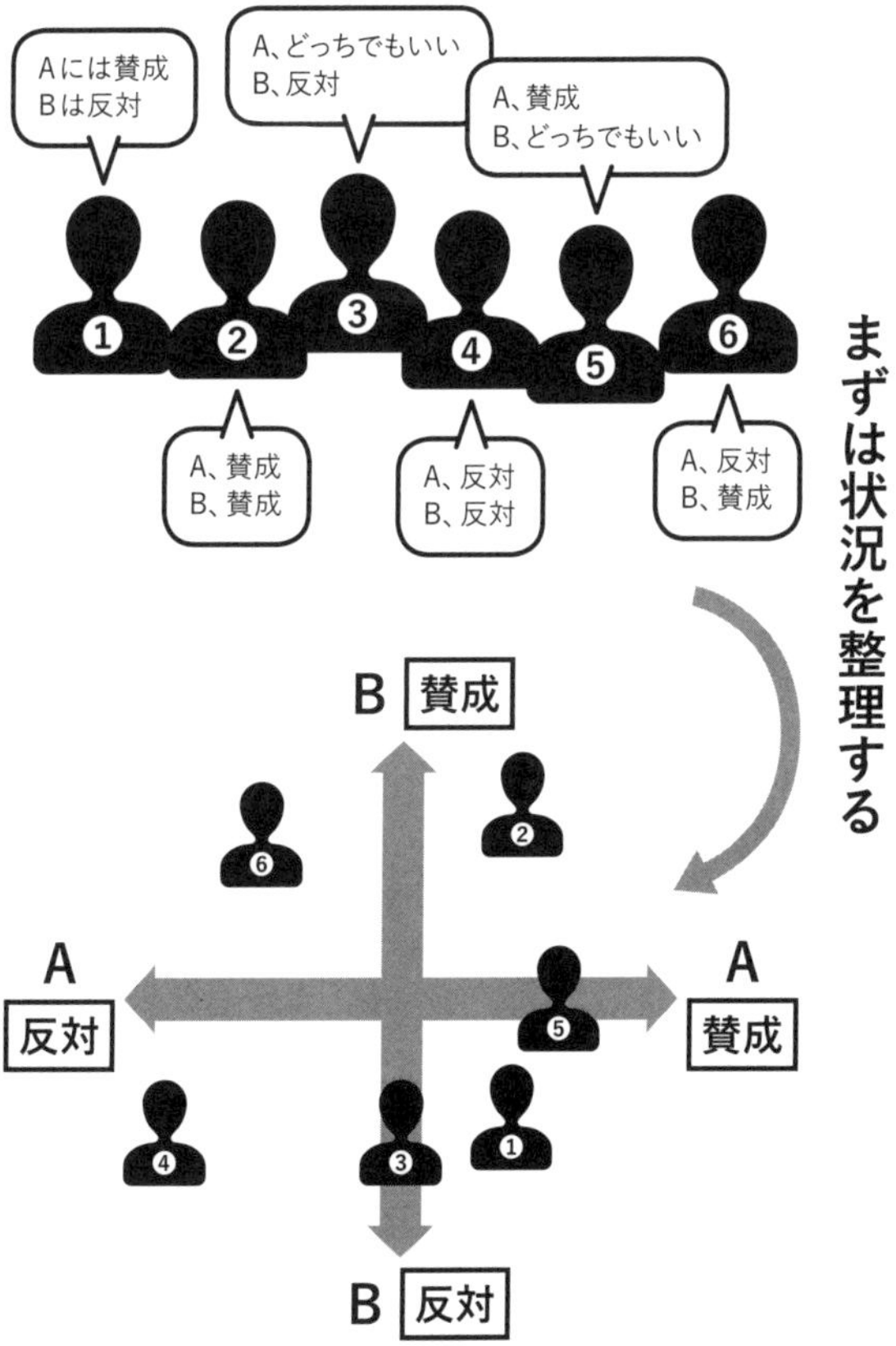

図版作成：（株）ベクトル

ハレーションが起こりうる団体に説得するか戦略を練る。当然、協力を仰ぐべき政治家や有識者それぞれにどう接するかもその戦略のうちだ。

壁があるなら壊せばいいし、新しい壁を作ろうとする者がいれば、その壁がいかに多くの人に悪影響を与えるかを訴える。自宅から最寄り駅の間に、ある日いきなり壁ができて大回りが必要になったら、誰だって嫌だろう。それは「通勤時間は短いほうがいい」という思いがあるからだ。同調してくれる人を集め、反対意見の人は説得し、どんどん声を大きくして、「壁」の必要性を世間に問い直せば、不必要な壁は取り除くことができる。

問題は、その方法論である。説得方法は、説得する相手によってケースバイケースである。世論の動向に敏感な政治家もいれば、業界団体の意見を頼りにする政治家もいる。説得相手の性向を知り、ひとつひとつ反対派を説得する根気のいる作業が必要だ。たとえば、ある特定の党内を説得するにあたっても、

パブリックアフェアーズ サービス全体図

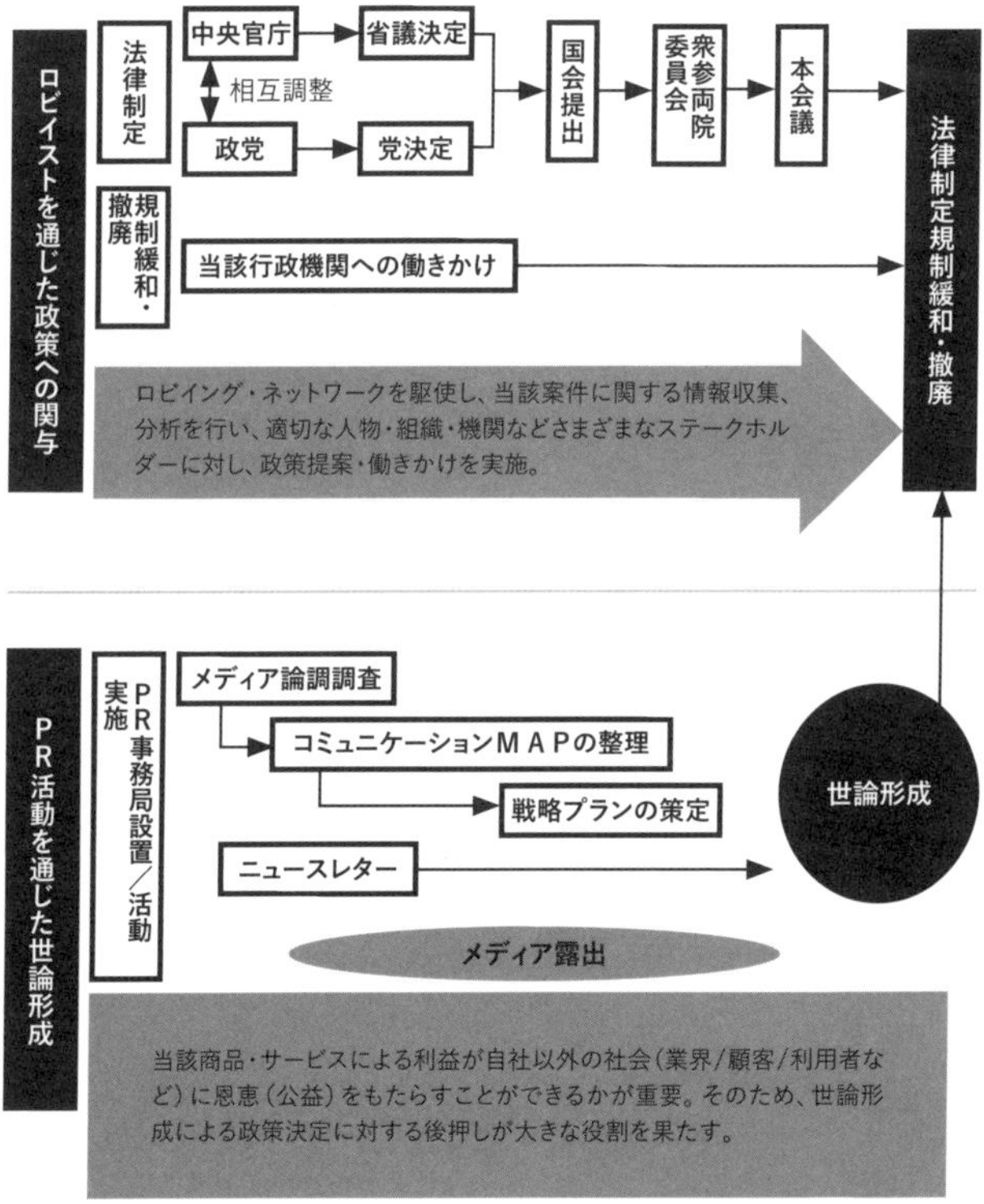

図版作成：（株）ベクトル

熱狂的なルール作りへの支持者が一定数いればいいというものではなく、党内で意見が真っ二つになってしまうような事態では先行きは不透明になるケースが多い。目標必達のために慎重な計画が求められるのだ。

これだけの業務をこなすため、チームメンバーに求められるスキルも幅広い。分析担当、企画担当、法務担当、広報担当というように、より細分化したチームも必要になってくるだろう。単に交渉に長けている人間を集めただけでは機能しないし、アウトソーシングすべきものもある。

たとえば、広報スキル。政策やルールを動かすためには、その正当性をわかりやすく主張するためのコミュニケーションスキルが必須である。現実には、論理的思考や優れた交渉スキルを持つ人間が、必ずしも抜群のパブリック・コミュニケーションスキルを持ち合わせているとは限らない。専門性の高い話なら右に出る者はいないというような人物は、有識者や政府の専門家相手なら効果を発揮できるだろうが、それを小学生にもわかるように説明できるかというと別の話だ。

新しいロビー活動、すなわちパブリックアフェアーズにおいては、さまざまな立場の人に誘いかけを行う。学識経験者や知識人、NGO、消費者団体などがその代表例だが、呼びかけの範囲がとにかく広範囲だ。意見交換もクローズドな場ではなく、オープンな場で持たれるべきだ。対象が政治家であれば、議員会館に出向いて話をすれば終わりだが、多くの人に呼びかけるとなるとそうはいかない。そこで重要になってくるのがPRなのである。

どんなロビー会社と手を組むべきか

〈ＰＲ会社が活躍するロビー業界〉

ＰＲというと、日本では単に企業広告といった意味合いで使用されることが多いが、もともとの言葉はパブリック・リレーションズ。本来であれば、社会と企業を結びつける行為がＰＲといえるだろう。つまり、単に自社や製品イメージを向上させるためのテレビ広告などは本来のＰＲとはいえない。

ロビー活動の場合、イメージ向上といった抽象的なものでなく、政策やルールといったものにまで踏み込むことになる。だから企業は、ＰＲについて捉え直さなければいけないし、ＰＲを積極的に活用していく必要がある。

企業広告を内製化する企業がほとんど存在しないように、ＰＲもまた、外部のプロと取り組むことになるだろう。繰り返しになるが、ここで意味するＰＲとは、従来の企業広告とは一線を画する。だから、広告制作会社に頼めばいいというわけではない。

最近になって「戦略ＰＲ」という言葉が市民権を得つつある。製品そのものを売ろうとしたり、企業イメージをよくするというのではなく、製品と世の中の時流とをマッチさせて注目を集め、それによって売り上げを高めようというのが戦略ＰＲの基本的な考え方だ。

この戦略ＰＲの概念が、ロビーの原理と非常に似通っていることにお気づきだろうか。

製品そのものを押し出すのではなく、理念をベースにしたロビーと、時流をつくり出して製品を売ろうとする戦略ＰＲは親和性が高い。世界的に見ても、ロビー会社として活動する企業の中には、ＰＲ会社を出自とするものは少なくない。ＰＲから戦略ＰＲに、そしてロビーやパブリック・アフェアーズへと事業ドメインを拡大させているような会社も存在している。

ロビー業界において、世界に目を向けると、アプコなどの米国発祥のＰＲ会社が活躍しているが、日本においては、戦略ＰＲやロビー、パブリック・アフェアーズという概念を正確に理解し、その重要性を認識したうえで、自分たちのビジネスとしている企業はまだまだ少ない。何より、日本におけるロビイスト、ロビー会社の絶対数が足りていないのだ。

〈「情」を知るロビー会社が問題を解決する〉

国の別を越え、ロビー活動を成功に導く重要な要素のひとつが、政策決定者に、どのタイミングで、どう働きかけるかということだ。

議員を例にして考えてみよう。ある案件について、その問題に詳しい議員同士の関係は必ずしも良好ではない。すると、議員の人間関係がボトルネックとなり、問題解決を阻害してしまいかねない。

こんな事態を避けるためには、ただ議員と知り合いであるというだけでは不十分だ。政策決定者の置かれている状況を把握しておくことは、洋の東西を問わず、ロビー活動を成功させるための最低限の条件である。だからこそ、議員が何を専門としているかはもちろん、当選回数や人間関係、年齢などさまざまな情報をつかんでおくのだ。特に米国の場合、ロビー会社は議員間の貸し借り関係を含め、一般には出てこないような情報にも精通しているものだ。

そういった情報をもとにして、「ボタンを押す順序を間違えない」ように、話を持ちかける順番を練り、実行に移す。政治家の理解を得て、課題解決を実現するためには、間違えてはいけない手順が存在するのだ。この「ボタンの押し方」を優秀なロビー会社は熟知している。うまくいくはずの簡単な仕事も、「ボタンの押し方」を間違えたことで、結果的にダメになることは一般的なビジネスの世界でもよく聞く話だ。

中曽根康弘内閣で官房長官を務めた後藤田正晴氏は『情と理』という本を著した。政治の世界は理屈だけでは動かない。「言っていることの正しさは認めるが、あいつがやっているなら俺はその意見に賛成しない」という気持ちは、政治家のみならず、人間であれば誰しも抱きうる。だからこそ、「情と理」のバランスをどう取るかはロビー活動のひとつの真髄なのだ。

〈広報力の強化とロビイスト〉

企業の本業、営業活動とはかけ離れたロビイストの育成は困難ではあるが、急務である。のちほどケーススタディで登場する企業たちも、自社の広報やシンクタンクだけで活動が完結することはありえない。

たとえば、東海旅客鉄道（JR東海）が米テキサス州で導入を目指す新幹線計画。

ロビー活動の強化は欠かせないため、JR東海は次々と大物も味方に引き込んできた。ブッシュ政権で大統領特別補佐官だったトーケル・パターソン氏、元運輸長官のメアリー・ピーターズ氏らだ。民主党で元上院院内総務のトム・ダシュル氏もおり、党派への目配りも忘れない。パターソン氏は、JR東海の取締役にも起用された。

日本であれば日本の、海外であれば海外のルール決定メカニズムの事情をよく知るロビイスト、ロビー会社の起用は不可避であろう。

さらには、新しいロビー活動（パブリックアフェアーズ）にも対応しなくてはいけない。単純に、かつての族議員のように公益を無視した形でのロビー活動をしていれば、大きな批判を受ける。とりわけ、政界活動に熱心になるばかりに、マスコミから「既得権益」という批判が起こり、企業イメージの大幅ダウンにつながった例は多い。国民への啓蒙活動によって、世論の支持を受ける努力を怠ってはならない。

具体的には、議員や大臣秘書官経験者、戦略コンサルティングファームや中央官庁出身者などロビー活動に必要な人々がどこにいるかを正確に把握し、関係を築くこと。政治・行政・学会・シンクタンク・ＮＰＯ・メディアに関するネットワークを充実させること。広く世の中に主張を届けるためのネットワークを有するPRの手法は、オープンなロビー活動を展開するうえで援用すべきだ。

以上のことから、PRと政界への働きかけを車の両輪のように効果的に駆使できるような広報力の強化が急務となる。両者を戦略的に組み合わせることで、医療機器・製薬、情報、エネルギー、IT、製造業などあらゆる分野に対応できるのだ。

これで準備は整った

〈最高の二人三脚のために〉

もしロビー会社にアウトソーシングするとしても、当然ながら「あとは全部お願いします」と丸投げするわけにはいかない。では、ロビー会社と依頼を持ち込んだ企業はどのようにチームを組み、課題解決に取り組むのだろうか。

まずはロビー会社と依頼企業で事務局を設置し、課題解決方法を探り、目標設定を行う。お互いの役割分担を明確にし、業務の管理・工程を常に確認しあう。チームとして機能させる素地が整えば、あとはお互いが共通の目標に向かって進んでいく。もちろんその過程ではさまざまな問題が生じる。想定した通りに工程が進まない場合、それは情報不足なのか、人材不足なのか、話し合いを行って、問題を解決していく。

初めてロビー活動に取り組む企業においては、その重要性を認識できていない社内のほかの部署が首を縦に振らないことも多い。そんな人々を説得するために、ロビー会社からも資料を提供し、説得する方法まで伝授する。

このような光景はコンサルティングの世界では日頃から見られるものだが、ロビー活動の場合は、その導入に抵抗感を示す日本企業が多い。ロビー会社から提案を受けた担当者は、ロビー活動をダーティーなものに感じていたり、パブリック・アフェアーズという概念自体を知らないために不安になったりしてしまうのだ。企業においては、秘書室や総務部、企画室が渉外を担当し、政策も業界団体任せという姿勢が横行しているために、自分には関係ないと思う人も多くいる。

一方、外資系企業の対応は早い。本国においては企業のロビーは当たり前。日本法人がロビー活動に取り組もうとしたら、課題解決の重要性と導入コストを比較検討し、導入するかどうかだけを本国がすぐに判断する。この点でも、日本企業は欧米企業に大きく水をあけられている。

だが、日本企業もルールメイクの重要性に気づきはじめ、企業内にルール部を設置したり、既存の企画部、秘書部、総務部、広報室、CSR部、法務部などを統合したりして機動的に行動できる体制を整えはじめた。企業単独でロビー活動に取り組むことは、これからの日本企業にとって必要不可欠だが、ロビー活動に造詣が深い専門集団とチームを組み、役割分担することで、さらに効果的・効率的な活動が可能になる。

また、課題解決のためには、依頼企業が表立って活動しないほうがよい場面も必ず出てくる。公益にかなったものであっても、一企業がそれを主張する最前線に立つと、「金儲けが目的で、きれいごとを言っている」というひねた見方をされるということも起こりうるので、慎重な行動が求められる。

〈邪魔するものはもう何もない〉

今後は日本でもロビーに関する認識が徐々に変わり、優秀なロビー会社が多く出てくることだろう。彼らと円滑に業務を進めるためには、自社内でしかできないことはしっかりと社内で消化することが肝心だ。たとえば、会社の強みや信念に関しては、内部の人間が一番理解しているはずだ。その部分を抜きに、どのように製品を売るのかの作戦だけ立ててくれという注文をされると、いかにプロといえども、やりようがない。自分たちが世の中に対して何を発信していくのかを明確にできたときに、外部のプロの知識が生きてくる。

また、日本の省庁では、頻繁に異動が起こり、米国でも政権交代があると省庁の幹部は大幅に入れ替わる。そのために、ロビイングを内製化しようとしたときに、人脈をうまくメンテナンスすることができず、挫折してしまうということもある。企業は企業でさまざまな会合に出席し、人の動きがあれば、それをきちんと追跡しようとするのだが、なかなか手が回らないのが実情だろう。

数年単位の部署異動が起きると途端に人脈が先細ることから、企業広報もある程度の肩書が続くと長くその地位にとどまるケースが多い。メディアとのネットワークの必要性からであろうが、ロビー活動にも同じことがいえる。

会社内にロビーチームをつくり、自社の体制を整え、手が届かない部分ではその道のプロの力を積極的に活用すること。それが、日本を飛び出し世界を相手に競争を繰り広げるための礎になるはずだ。

まとめ

- ロビー活動は利益を生むということを認識して、企業の体制を整えていこう。まずは経営層と直結したロビーチームを作ることからはじまる。
- ロビーについてすべてを内製化する必要はない。自社でカバーできない部分については外部の専門家もうまく使うべきだ。

5

Bible of LOBBYING

欧米のロビーケーススタディ

〝フロンなどの化学物質の製造、
使用を規制するためにロビー活動を
展開したのは、フロンの特許を持っていた
デュポンだった。デュポンは他社に先駆け、
フロン代替物質の開発に成功していたのだ。〟

世界で進む新しいロビーの形

これまで述べてきたように、新しいロビー活動（パブリックアフェアーズ）は、海外では当たり前の活動である。ロビー活動に無頓着な日本企業が海外へ進出してもコテンパンにやられてしまう。

ここからは、「ロビー活動」「ロビイスト」が、実際にどういう問題を解決していくか具体的にケーススタディしていきたい。多くの成功例を知れば、自社の活動への応用が可能になるはずだ。

ロビー活動は、これまで公にされてこなかった部分が大きいため、報道資料やホームページ等で公表されているものを中心に紹介する。可能な限り実名で記したが、事情により名前を伏せていたり、業界等を特定されないよう変えている部分があることをあらかじめご了承いただきたい。

まずは、ロビー活動における最先端といってもいい、米国ＩＴ企業の事例から見ていこう。ロビー活動を展開しているのは従来からの企業だけではない。比較的歴史の浅いＩＴ業界の超大手たちもロビー活動に余念がないのだ。

ロビーケーススタディ

米国ＩＴ業界のロビイスト事情

米ＩＴ（情報技術）大手による政界へのロビー活動費が急増している。グーグルなど主要10社の２０１３年の活動費は、前年比16％増の６１１５万ドル（約63億円）に増えた。米国企業全体のロビー活動費に大きく動きがない中、これだけの伸びを示すＩＴ業界の存在感が増してきている。

米消費者団体のコンシューマーウオッチドッグが各社の活動費を集計した。

後述するが、グーグルは12年に米連邦取引委員会（ＦＴＣ）の大規模な調査を受けた。13年はその反動もあり前年比15％減ったが、１４０６万ドルと業界最多で航空機大手のボーイングとほぼ並んだ。マイクロソフトは30％増、ＩＢＭも46％増。交流サイト（ＳＮＳ）のフェイスブックは61％増えた。

ＩＴ大手はプライバシー問題や移民法の改正に関連して、政策決定者への働きかけを積極的に行っている。13年は米中央情報局（ＣＩＡ）元職員の暴露により、政府による大規模な情報収集が表面化した年だった。ＩＴサービスの利用者はプライバシー問題に敏感になっており、信頼の失墜は事業への逆風となる恐れがあった。そこで各社が一斉にロビイストを増やすなど対応を強化したことが、活動費の増大につながったのだ。ロビイストたちは、透明性を向上させるために情報開示を拡充すべきであると米国政府と交渉し、譲歩を引き出すことに成功した。

米IT各社のロビー活動費

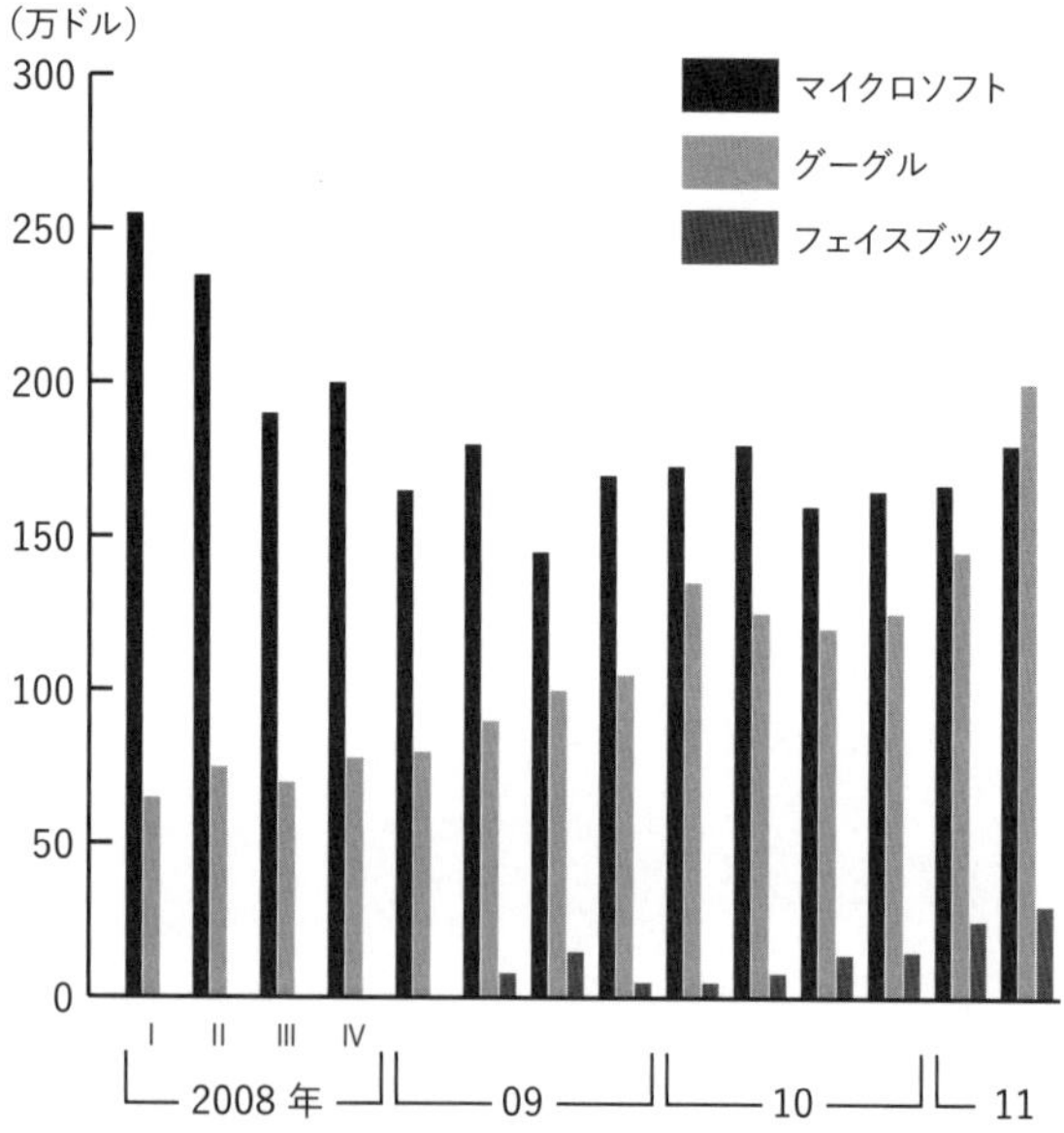

郵便はがき

1028641

おそれいりますが
52円切手を
お貼りください。

東京都千代田区平河町2-16-1
平河町森タワー13階

プレジデント社

書籍編集部 行

フリガナ		生年（西暦） 年	
氏　名		男・女	歳
住　所	〒 TEL　　（　　　）		
メールアドレス			
職業または学校名			

ご記入いただいた個人情報につきましては、アンケート集計、事務連絡や弊社サービスに関するお知らせに利用させていただきます。法令に基づく場合を除き、ご本人の同意を得ることなく他に利用または提供することはありません。個人情報の開示・訂正・削除等についてはお客様相談窓口までお問い合わせください。以上にご同意の上、ご送付ください。
＜お客様相談窓口＞経営企画本部 TEL03-3237-3731
株式会社プレジデント社　個人情報保護管理者　経営企画本部長

この度はご購読ありがとうございます。アンケートにご協力ください。

本のタイトル

●ご購入のきっかけは何ですか？（○をお付けください。複数回答可）

1 タイトル　2 著者　3 内容・テーマ　4 帯のコピー
5 デザイン　6 人の勧め　7 インターネット
8 新聞・雑誌の広告（紙・誌名　　　　　　）
9 新聞・雑誌の書評や記事（紙・誌名　　　　　　）
10 その他（　　　　　　）

●本書を購入した書店をお教えください。

書店名／　　　　　　（所在地　　　　　　）

●本書のご感想やご意見をお聞かせください。

●最近面白かった本、あるいは座右の一冊があればお教えください。

●今後お読みになりたいテーマや著者など、自由にお書きください。

どうもありがとうございました。

またIT関連の活況を背景に、米シリコンバレーを中心として人材不足が目立っており、各社は国外から優秀な人材を確保することを求めている。13年はフェイスブックのマーク・ザッカーバーグ最高経営責任者（CEO）が政治団体を設立するなど移民法改正に向けた働き掛けを強化。この分野でも活躍しているのはもちろんロビイストたちだ。

IT業界の活動費は1～9月期に同6％増となった。IT業界はリーマン・ショックの影響により業績が悪化した09年は活動費を圧縮したが、10年からは一貫して増やしている。13年も大手企業がけん引する形で増加が続いており、4年連続で前年比プラスとなった模様だ。

ロビーケーススタディ グーグルは最強のロビイスト

FTCは2012年、グーグルが反トラスト（独占禁止）法に違反しており、正常な競争を阻害し、インターネットユーザーとライバル会社に被害を与えたと考え、訴訟のための準備を進めていた。しかし最終的にFTCは、調査を終わらせることに全会一致で合意した。もしグーグルが提訴されていれば、1990年代に司法省が米ソフトウェア大手マイクロソフトを訴えた反トラスト訴訟以来、最も注目度の高い係争になっていた可能性がある。提訴回避の決め手は何だったのか。

調査が終わりに近づいていた12年終盤、グーグル幹部はホワイトハウス高官と調査を行うFTCと相次いで会談を行った。グーグルが反トラスト違反調査の極めて重要な段階でオバマ政権高官に接触していたことは、同社がいかに当局者と緊密な関係を築いているかを示す証左だ。WSJが確認した訪問者記録によると、オバマ政権発足以降、グーグル社員が高官との会談のためホワイトハウスを訪れた回数は約230回で、平均で約1週間に1回。極めて高い頻度で意見交換を行ったことになる。

グーグルの有力ロビイストの一人、ジョナサン・シェルトン氏はホワイトハウスを60回以上も訪れている。これに対し、やはりワシントンで影響力を持つことで知られる競合の米ケーブルテレビ（ＣＡＴＶ）大手コムキャストの社員がオバマ政権発足以降、ホワイトハウスを訪れたのは約20回だ。

グーグルはロビー活動にかなりの資金を投じている。公開データによると、グーグルが14年にロビー活動に費やした資金は１６８０万ドルと全企業の中でコムキャストに次いで多かった。

政治資金について調査・監視する非営利団体「責任ある政治センター」によると、グーグルの14年のロビー活動支出は10年の３倍以上にまで増えている。

同社は20のロビー活動会社に約１００人のロビイストを抱えている。

オバマ大統領の12年の再選選挙では、グーグル社員によるオバマ陣営への献

ロビー活動に巨額を投じる米国企業
(2014年)

企業名	時価総額	ロビー活動費用
Apple	$740.97bilion	$4.1milion
Google	$382.57	$16.8
Berkshire Hathaway	$359.00	$7.2
Exxon Mobil	$358.35	$12.7
Microsoft	$351.57	$8.3
Wells Fargo	$287.002	$6.4
Johnson & Johnson	$286.34	$7.7
Wal-Mart	$268.52	$7.0

出典：ウォール・ストリート・ジャーナル

金がマイクロソフトに次いで2番目に多かった。大統領はこれまでの一般教書演説で、高頻度でグーグルについて言及している。グーグルのロビー活動は一定の成果を上げているといえるだろう。

ロビーケーススタディ ヨーロッパでは苦戦するグーグル・ロビー活動

しかし、欧州においては少し事情が異なる。EUでは、グーグルやフェイスブックなど巨大な米企業にネット市場が支配されるとの危機感が強い。とりわけ検索市場で9割を超えるシェアを持ち、スマートフォン向け基本ソフト（OS）でも支配力を高めるグーグルへの警戒心は強く、「グーグルフォビア（恐怖症）」という言葉も生まれた。欧州委員会は2015年4月15日、グーグルが検索市場で圧倒的な支配力を乱用してEU競争法（独占禁止法）に違反したとの暫定的な見解を示した。最終的に違反と判定されれば、巨額の制裁金と是正命令が待つ。

今回、欧州委員会にグーグルを告発した企業の4社に1社は米企業で、「代理戦争」の側面もある。マイクロソフトなどがグーグルの影響力が強いワシントンに見切りをつけ、グーグルに厳しい目を向けるEUや各国政府への働きかけをいち早く強めたのに対し、エリック・シュミット会長らグーグルの経営陣が本格的に欧州を回り始めたのは14年春以降。その時点で「外堀」はほぼ埋まっていたようだ。

米国のロビー活動に熱心になるあまり、ヨーロッパで思わぬ誤算を招いた形だ。

ロビーケーススタディ

フェイスブックのロビー活動

グーグルだけではない。米フェイスブックもまた、政治に急接近している。

2年ほど前まで10人足らずだったワシントン事務所の陣容は約40人に拡大。訪問客のサインで埋め尽くした名物ホワイトボードには、多くの政治家の名前に交じり、現職副大統領の次男で弁護士のハンター・バイデン氏のサインがある。

最近は「インサイダー」と呼ぶ政治の事情通を次々とスカウト。全米各地で開催する中小企業向け無料セミナーには、毎回、地元選出の連邦議員を招く。2012年のロビー活動費は385万ドル（約3億8000万円）と前年に比べ約3倍に増えた。

なぜ政治の世界に深く根を張ろうとしているのか。渉外担当幹部はワシントン事務所の機能強化の目的について「予防」という言葉を口にする。技術革新を邪魔する政治とうまく付き合い、大きなトラブルに巻き込まれる前に先手を打つ思惑が見える。

そして、ロビーは企業だけのものではない。有史以来、人類の歴史とはロビイストの歴史である。人が集まれば社会はでき、社会ができればロビーがはじまる。自治体や国単位でのロビー活動も世界中で活発に行われている。

ロビーケーススタディ 慈善団体に優遇是正を

米国ＩＴ企業の隆盛から、少し時をさかのぼろう。

欧米の慈善活動は日本のそれと比べて発展しているというイメージを持つ人は少なくないだろう。その原因を文化の違いだけに求めるべきではない。慈善活動を展開するために、ロビー活動を通じて、環境を整備したヨーロッパの事例がある。

１９８０年代、ヨーロッパにおける慈善団体は、非慈善団体との競争環境にさらされ、継続的な活動を困難なものにされていた。とりわけ税制面での待遇が、慈善団体を不利な状況に追いやっていた。そこでロビイストは、イギリ

慈善団体もロビイストを使う

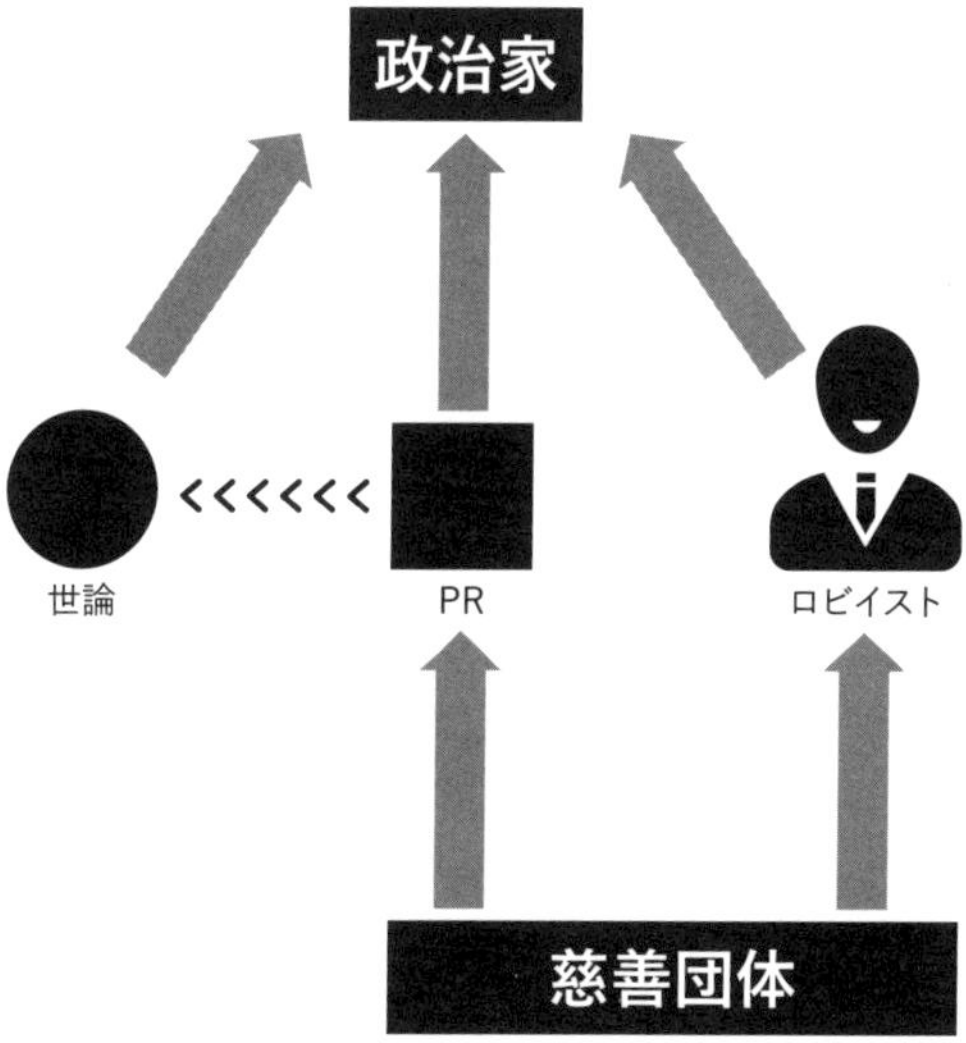

図版作成:(株)ベクトル

ス政府と欧州委員会に対し焦点を絞り、慈善活動に税の優遇処置をするよう呼びかけた。
結果、毎年3億円、累計で24億円にのぼる一定範囲の免税処置が導入された。慈善活動といえども、ロビー活動をしなくては生き残れないという好例である。どうすれば慈善活動が活発になるか。「税」というものに焦点を当てたのだ。「世の中をよくしたい」という思いは共有できても、「ではどうする」という問いに答えを出す必要がある。

ロビーケーススタディ

「国立博物館への無料入場」で問題発生

1997年、政権獲得したイギリス労働党の政策に沿って、国立博物館、国立美術館は当時有料であった入場料の無料化を実施しようとした。しかし、実現のためには大きな問題があった。国立博物館・美術館は、有料時代には付

1つの法律を変えるためには多くの利害関係者と多くの関連法案との調整が必要

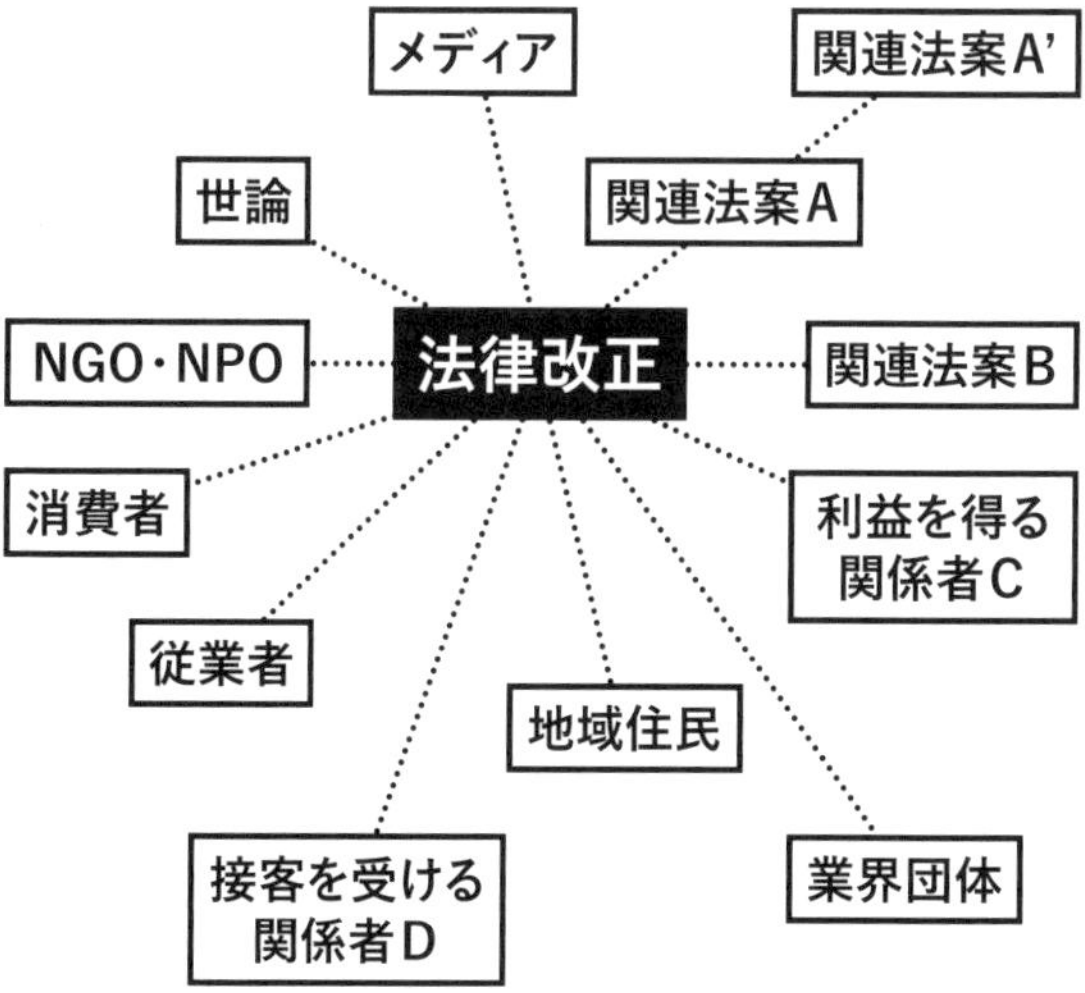

図版作成：(株)ベクトル

加価値税の全面還付を受けていた。しかし、無料化以降は、英国の制度上、重い付加価値税負担（大英博物館単独でも年間平均1億円以上）を課されることになる。

ロビイストは、英国財政部に働きかけた。国立博物館及び美術館を付加価値税法33条に該当させるなどして付加価値税基準の導入を可能にすれば、付加価値税還付を受ける資格を失うことなく入場料廃止を行うことができるはずだと提案したのだ。

２００１年度予算において国立博物館及び美術館は無料化されることになった。ロビイストによる具体的で技術的な解決策の提案が功を奏し、付加価値税の納入は免れ、財政的な危機を迎えることもなかった。

無料化の効果はてきめんで、来館者数は75％増と大きく伸びた。

近代国家は複雑なシステムと法律によってさまざまな制約を受けている。ひとつのルールを変えるには、そのルールに関連する法律の改正が必要だ。「神は細部に宿る」という言葉が示すように、小さなつまずきがルール改正を根本から止めてしまうことは多い。

ロビーケーススタディ プリンタメーカーの利益を守れ

プリンタメーカーが販売しているインクカートリッジ。あるイギリスの企業が、空のカートリッジにインクを再充填して売り出していた。

当時、一部のプリンタには純正インクカートリッジ以外を使用できないようにするスマートチップが搭載されていた。イギリスのメーカーは、このスマートチップを禁止する法律修正案を、イギリス出身の議員を通じてEUで採択しようと動いたのだ。

サードパーティ製のインクでは、文字がにじんだり、かすれたり、正常に印

公益を争うロビー活動

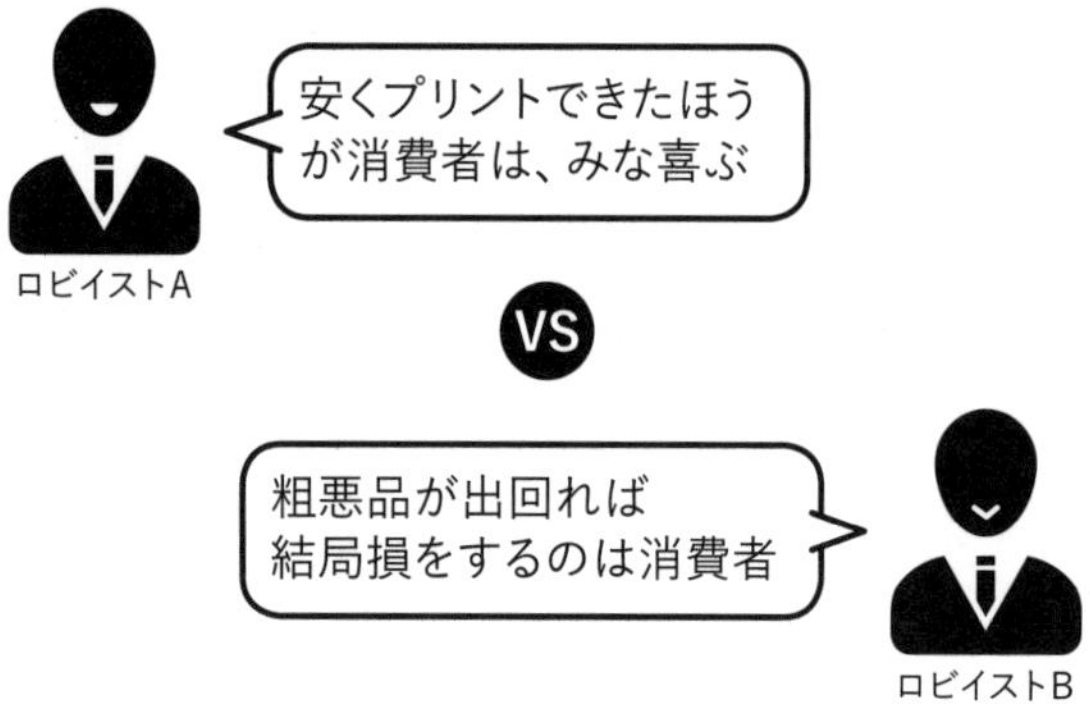
安くプリントできたほう
が消費者は、みな喜ぶ
ロビイストA
VS
粗悪品が出回れば
結局損をするのは消費者
ロビイストB

図版作成（株）ベクトル

刷できないこともある。品質のいい純正インクを消費者が購入してくれることで、プリンタ本体の価格を低く抑えることもできるし、プリンタメーカーに正当な利益がもたらされる。

窮地に立たされるのは日本メーカーだけでなく米国のメーカーも同様だ。そのため、日本のロビイストたちは米国企業と一緒に対策を練り、ＥＵの議員たちに問題点を訴えて回った。

結果として、スマートチップを禁止する修正提案は、過半数の支持を得ることができずに否決され、プリンタメーカーの利益は守られた。しかし、守られたのはメーカーだけではない。粗悪品が出回れば、結局は消費者も損をする。議員たちにその点も理解されたからこそ、スマートチップ禁止という方向には動かなかったわけだ。

ロビーケーススタディ

アザラシを救え

カナダでは2009年の一年間で、33万8000頭という恐るべき数のアザラシが狩猟されていた。しかも、それらのほとんどは生後わずか2週間たつかたたないかの子アザラシである。この状況を重く見た世界的な非政府組織のひとつが、アザラシ製品の取引禁止を推し進めるためにロビイストに助言を求めた。

こうした狩猟により作られた製品はヨーロッパへと運ばれる。一部はそのまま欧州市場で販売され、残りはロシアやアジアへと輸出される。そのため、大規模なアザラシ猟を禁止するためには、まずは欧州を押えることが肝要だ。さらに言えば、実効性を損なうような一切の手加減なしに完全な禁止措置を得ておきたい。

ロビイストは直ちに欧州全域にわたる運動を開始。欧州の意思決定者たちに厳格なアザラシ製品取引禁止策を導入し、新しい歴史をつくってほしいと呼びかけた。ブリュッセルでは計12件の力強い言葉による広告が掲載され、そのうちいくつかは他のメンバー国で翻訳、再編集され、多くの人々に問題を意識させた。

欧州議会議員において11対1の賛成多数でもって包括的禁止措置が布かれることが決定した。これにより、欧州における残虐なアザラシ製品の取引は終止符を打つことになった。それは何百万頭ものアザラシが過酷な運命から救われたことを意味する。

問題を感じる人がいるだけでは解決はしない。動物愛護などは人間の問題よりも後回しにされるからなおさらだ。ロビイストの効果的な働きがなければ、今なお、カナダでの猟は続けられていたことだろう。

ロビーケーススタディ

過度な製造者責任を回避

ヨーロッパ各国では、製造者責任の拡大が潮流となっている。世界的なスポーツ用品メーカーであるA社は、ヨーロッパにおいて、製造者責任に関連する政策の導入に歯止めをかけたいと考えていた。中には実行不能と思えるほど莫大な金のかかるものもあるし、大企業と無名ブランドとの間で、待遇に明確な違いもある。無名ブランドが課税されない間は、（自分たちも含めた）有名ブランドの製品製造者も課税を受けるのは不平等ではないか。そこでA社はロビイスト団体に相談をした。

懸案となっている政策をEU加盟国のひとつが導入すれば、ドミノ式に欧州全域に広がる恐れもある。そこでロビイストは、欧州連合だけでなく、個別国に対しても働きかけるべきであると主張した。スポーツ用品、衣類、履物類産業を代表する主だった機関を通じて、行動を推進していこうということだ。行き過ぎた製造者責任論はメーカー（しかもこの場合は一部の大企業限定）の負担を増大させるだけでなく、消費者にとっても歓迎すべきものではない。論理的に考えれば政策が非合理的であることを政策決定者に明確に説いた。

製造者責任の拡大が日本にも広がった場合、ありとあらゆる分野で同様の話が起こるだろう。そのときのために、今のうちから準備をしておかなければいけない。

ロビーケーススタディ 研究開発をロビーで決める

何千もの多種多様な生活製品を作り、どの家庭でもよく知られているメーカーA社が、フィルム事業に対する研究開発費予算をどこに投じればよいか悩んでいた。下水に排出されるかもしれない有害物質の影響を軽減する新しい化学品に投資すべきか。あるいは、有害物質を排出させず処理、処分を行う閉じられたシステム構築に投資するかを決定したかったのである。

助言を求められたロビイストは、フィルム写真事業に関連する水質汚染排出物に対するEUの政策はどの方向に向かっているのか、将来はどうなる見込みなのかなど、欧州において鍵となる関連立法とそれがどのように実施されているかについて顧客に説明した。

また、欧州各国で、既存の規制がどのように運用されているかも把握しておく必要がある。EUにおける水質規制は各国政府に裁量が与えられているが、その実施や監督責任はしばしば地方自治体や市レベルで行われている。ロビイストはヨーロッパ全域で数多くの地方や都市の状況を調査し、規制の実施状況を極めて明確に示した。

A社はロビイストから提出された報告書と、自身による調査との突き合わせを行った。十分に情報を得たうえで、A社は両面作戦を取ることにした。両面作戦というと、優柔不断の結果のように思われるかもしれないが、そうではない。投資をどちらかに絞ったほうが、将来的なリスクが大きいということが、ロビイストの調査から判明したからだ。

一般的な企業であれば、とにかくどちらかに絞り込むべきだと考えるだろうし、一時的なコストはそちらのほうが少ない。しかし、その後のリスクまできちんと計算できていなければ、あとあと大変な目に遭うことだろう。最後にはロビー活動で情報戦を制する企業が勝つのだ。

ロビーケーススタディ

米国の軍事的プログラムによる汚染から開発業者を守る

2005年から2011年にかけて、米国において、22の軍事基地が閉鎖された。基地が閉鎖されると、ぽっかり空いた用地の再開発のために、金融業者、保険業者、不動産開発者など、多くの企業が動くことになる。

デンバーのLowry空軍基地も、閉鎖後は多くの企業にとって魅力的な再開発の対象となっていた。住宅建設業者たちは、住宅用地の大規模な買収を進めていた。しかし、CDPHE（コロラド州の公衆衛生・環境部門）は同地区の北西区域に有害物質であるアスベストを見つけた。基地周辺で行われていた軍事活動が原因で、地下水が汚染されていたのだ。

CDPHEは忠告に対する法令遵守を公表し、北西区域の建設活動をやめるように、住宅建設業者たちに指示した。そして、アスベストの汚染物除去のために投資することを命令した。汚染を引き起こしたのは明らかに空軍であるから、法律上罰せられ、除去を行う義務がある。しかし空軍は事もあろうにこれを拒否した。

誰かが汚染物を除去しなければ、再開発は宙に浮いてしまう。すでに投資を行っている企業は逃げ出すわけにもいかない。住宅建設業者はやむを得ず、自分たちが行動を起こすことにした。汚染状況の調査と除去を自費で引き受け、最終的に約900万ドルもの資金を持ち出すことになった。

あまりにも不当な事態に、住宅建設業者たちは、ロビイストに相談を持ちかける。ロビイストは、自然保護団体とパートナーを組み、民事訴訟で損害分を回収すべきだと助言した。これに従い、住宅建設業者は空軍の行いを批判し、汚染除去のために投入された費用は空軍が当然負担すべきだと強く世論に訴えた。2年間の法闘争ののち、米国の連邦裁判所は、アスベスト汚染の原因は空軍にあるとした。

連邦請求裁判所の公の判断は、まだ知られていない汚染状態への配慮、そして賠償義務を米国政府が負うとするという革新的なものであり、米国の司法の歴史を変えることとなった。

実行部隊であるロビイストたちは、なかなか歴史の表舞台に登場することはない。しかし、彼らの行動は人知れず歴史を変え、世の中をいい方向へと導いているのだ。

ロビーケーススタディ ゴルフを不当に扱うな

2009年、全米プロゴルフ協会を含むゴルフ業界の主だった面々がロビイスト団体を訪れた。当時は、景気刺激策においてゴルフ施設が連邦補助金の対象から外され、また「議員立候補者がゴルフに時間を費やすのはけしからん」といった政治広告が流されるという状況だ。業界としてはこの逆風をどうにかしなければいけない。業界を取り巻く環境を整備し、連邦議員による不公正な扱いにつながる汚名を晴らすため、ロビイストの力を借りることにしたのだ。

ロビイストの提案により、「the We Are Golf」と命名された連合が形成された。達成目標はシンプルなもので、ゴルフ業界の知られざる社会貢献を明らかにすることだ。米国では200万人がゴルフ業界で就労しているし、ゴルフ業界の690億ドルに上る経済活動によりさらに数百万人が恩恵を受けている。そして、毎年39億ドルを慈善事業に寄付している。こうした事実を世の中にきちんと広めることは、憶測から発せられた誤った情報や、ゴルフにまつわるネガティブなイメージを払拭することにつながる。

さまざまな会合や、National Golf Day の一端として催される行事を通して、議員に説得力のある話を行えるよう、業界や競技のリーダーたちだけでなく、業界のあらゆる面で仕事をしている人たちに、ゴルフが米国社会に与えている好ましい影響について詳しく説明した。

活動はツイッターでも展開され、どれだけ多くの人が関心を持っているかが確かな視覚性をもって示された。今日でも数多くの参加者が、このときから使われはじめた「#iamgolf」というハッシュタグを継続して使用している。こうした外部協力者の存在が、これまでになかったほどWe Are Golfのメッセージを強化してくれた。

戦略的なキャンペーンメッセージが、潜在的な賛同者を活動に呼び込む。そしてSNSを通じて、有無を言わさない視覚性が、「私利私欲のための活動ではない」という説得力を生んだ。これにより、the We Are Golfと議員たちとの間では、実り多い会話がなされることとなった。

理屈や論理を説くことだけがロビイストの仕事ではない。この例ではSNSも効果的に活用されている。ロビー活動にはPRの手法が使用されることも多い。

ロビーケーススタディ

中国の糖尿病

ダボス会議において発表される「Global 100」。これは持続可能性というテーマにおいて世界中の企業を格付けしたものだ。日本企業はこの中であまり存在感を示すことはなく、むしろ徐々にランキング企業を減らしており、15年版ではエーザイが50位に名を連ねたのみである。このランキングの常連であり、12年には第1位に輝いたのが、デンマークに本社を置くノボ・ノルディスク社だ。創業以来、糖尿病関連の研究に力を入れ、世界的なヘルスケア企業へと成長した。

中国には膨大な人数の糖尿病患者がいる。10年の時点で9000万人という世界一の糖尿病人口を抱えた中国では、13年には患者数が1億人を超えた。その背景には、急速な経済の成長によりライフスタイルが変化し、食生活が豊かになる一方で、運動量が減少していること。そして、その変化に医療従事者の意識が追いついていないことなどが挙げられている。糖尿病という病気の認知度が低く、糖尿病患者に対して適切な治療が行われず、また患者も自身が糖尿病であるということすら気づいていないケースもあるという。そのような状態では、当然ながら糖尿病治療薬が売れるはずもない。

ノボ・ノルディスクは中国市場に参入したのち、まずは医療従事者の意識改革が必要だと考え、糖尿病がどんな病気であるか、適切な治療はどのようなものかを教育。患者に対しても正しい理解を育み、病気との付き合い方を教えるために、教育センターを設置。啓発と教育を通じて、積極的な情報発信を行い、さらには政府機関と連携し、治療方法のガイドラインも定めた。糖尿病患者が適切な医療を受けることができるように地盤を整えたのである。一連の打ち手は、狭義の営業努力とは異なるものである。社会への働きかけによって、糖尿病治療薬のニーズを高めたのだ。11年時点で、中国の糖尿病領域における同社のシェアは62%に上っている。

医薬品の場合は、客観的なデータを明示しやすい。効果が目に見える形で提示されれば、国民の理解を得ることはそこまで難しくないはずだ。

ロビーケーススタディ 米国議会におけるユダヤロビー

ロビー活動というと、米国議会におけるユダヤロビーを連想する人もいることだろう。今、イランの核問題をめぐってユダヤ人の間で激しいやり取りが行われている。米国におけるイスラエルの影響力に長期的な変化が生じる恐れもありそうだ。

米国とイランとの核協議の最終合意をめぐって、賛成・反対を呼びかける両陣営とも宣伝活動のために莫大な資金を投じた。その総額は数千万ドルに上ると目されている。

それぞれの陣営の主張をテレビCMの形で放送し世論を喚起する。もちろん、政策決定者への接触も欠かせない。反対派（AIPAC〈米イスラエル公共問題委員会〉など）はイスラエル政府の意向に沿った形で共和党との連携をしているし、賛成派のJストリート（左翼系イスラエルグループ）はオバマ大統領と電話で協議するなど負けてはいなかった。

イランとの核協議の最終合意が正し

AIPACの年間ロビー活動費の推移

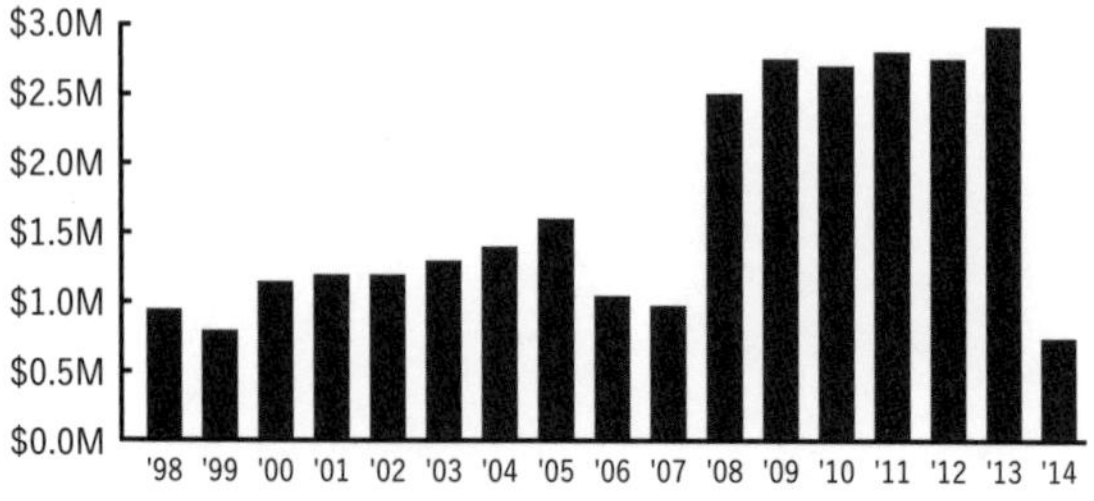

※M＝ミリオン　出典：OpenSecret.org

かったかは歴史が判断するよりほかないが、少なくとも、賛成・反対を問わず、「米国議会においてユダヤ人の意見が感情の面でも政治の面でも重要であることを理解」できると英紙フィナンシャル・タイムズ（2015年8月1日）は報じている。

ロビーケーススタディ

台湾のロビー活動

ロビー活動の効果は、足元の政治状況に左右される面もある。天安門事件と台湾の民主化が、1989年以降の台湾ロビーの絶頂期を築き、州知事時代のビル・クリントンを4回も招き、超党派の人脈を拡大するなど、独特の嗅覚を発揮してきた。

米国との関係は台湾にとって生命線である。台湾ロビーは、反共保守基盤を梃に米議会に食い込み、国交が途絶えてからも、台湾関係法の成立、李登輝の米国訪問許可などを実現させた。国際社会でのプレゼンスを高めることは、中国にプレッシャーを与えることにつながる。

中国は人権、環境などいろいろな問題を抱えているが、米国と台湾が緊密な関係を築いているうちは、それらを放置するわけにもいかない。そういった諸問題に対しては、米国市民の関心も高いため、情勢次第では、米国市民による大規模な中国バッシングが発生する可能性も皆無ではないのだ。

ロビーケーススタディ　日本に敵意をむき出しにする韓国ロビー

日本のロビー活動費は2008年以降、少しずつ減少していたが、韓国の活動費は逆にこの5年で2倍に増えている。韓国政府や政府系機関によるロビー活動とともに、民間の韓国系米国人の団体の動きも無視できない。

07年の米下院での従軍慰安婦問題の対日謝罪要求決議採択は、韓国系市民か

日韓のロビー活動費

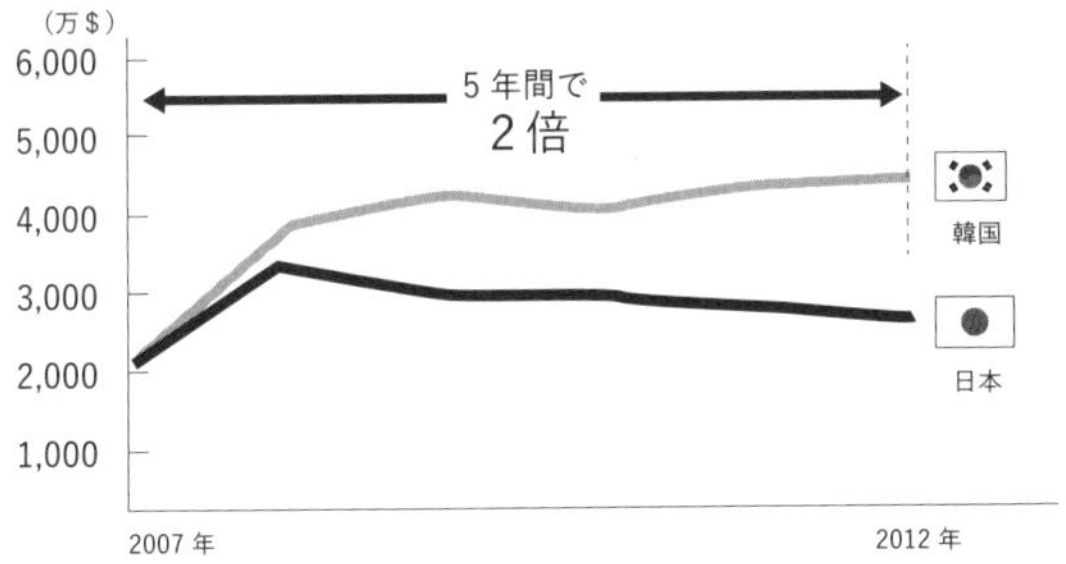

韓国のロビー活動(2012年)

45億円

- コンサルタント会社に6億円
- PR会社に4.5億円

⋮

らの要請が背景にあったという。また、ロサンゼルス郊外のグレンデールにある慰安婦像。像の傍らにある碑文には、「旧日本軍によって20万人以上の女性が〝性の奴隷〟となることを強いられた」と記されている。この慰安婦像を建てる運動を支えたのも、韓国系市民だといわれている。韓国系市民は全米に170万人いて、彼らの運動は徐々に米国社会に浸透し、政界にも支持を広げつつある。

米国司法省が連邦議会に提出した報告書には、外国の政府や団体のためにロビー活動を行っている「フォーリン・エージェント」＝「外国代理人」の活動が詳細に記載されているが、そこから読み取れるのは、23ものエージェントが韓国政府などからの依頼を受けてロビー活動を行なっているということだ。その報酬として支払われた額は、12年一年間だけで4400万ドルに上っており、このうちワシントンにあるコンサルタント会社には6億円、ニューヨークのＰＲ会社には4億5千万円が、いずれも韓国大使館から支払われている。

米国社会における韓国系市民の影響力は今後さらに増大する可能性がある。彼らは徐々に知識人層へと浸透している。米国の大学や研究機関などにいる韓国人研究者は８８００人と日本人のほぼ2倍。留学生は7万人。一方、日本人留学生の数は8年連続で減り続け、ついに2万人を割り込んだ。ハーバード大学では２９３人の韓国人留学生に対して日本人は88人だけ。彼らの一部は卒業後も米国に留まり、大学やシンクタンクなどで働きながら米国の政策決定に深く関与していくのだ。

ロビーケーススタディ

日米の脅威、中国ロビーとどう対峙するか

中国は米国とともに太平洋を東西分割支配するという戦略目標を掲げ、米国と接近するべくロビー活動を活発化している。

中国の対米ロビイングの主体はまず在ワシントンの中国大使館である。アメリカ通の崔天凱大使や洪波首席公使が米側の政府や議会を相手に活発なロビー活動を展開する。反日プロパガンダ発信は日常の行事に近い。

中国大使館は、幹部が皆、在米経験豊富でワシントンの政治メカニズムに精通している。

特にアメリカ議会担当部門十数人は日本大使館の議会班の3～4倍の規模で、米側の議員や補佐官を訪中旅行に頻繁に招き、要人と引き合わせたり、歴史問題で議論を交わしたりしている。

米国議会の諮問機関「米中経済安保調査委員会」の報告によると、2009年頃から中国政府はワシントンの大手ロビー企業と、中国大使館は大手法律事務所と契約している。いずれも米側の弁護士や元連邦議員を使い、中国側の主張を広める作業を委託したのだ。

15年、ジャワ島に建設する高速鉄道計画で、インドネシア政府が中国案を採用し、日本の新幹線案が退けられた。

インドネシアはこれまで親日と考えられていたこともあり、日本政府の衝撃は大きかった。菅義偉官房長官は同年9月29日の記者会見で「決定の経緯は理解しがたく、常識として考えられない」とインドネシア政府に対する強い批判を口にした。中国側の遮二無二に受注しようという動きがあったことは想像に難くない。

ロビー活動はもはや国家の存亡をかけた戦いになっている。

ロビーケーススタディ 太平洋戦争の勝敗はロビイストが決めた?

第2次世界大戦で日本が惨めな敗北を喫したのは、局地戦での冷徹な総括を怠ったことに加え、情報戦に負けたことが大きい。ここで言う情報戦とは情報収集能力だけではなく、情報発信能力をも含めたものだ。この情報発信能力を日本人は軽視しているように感じる。

蔣介石の妻の宋美齢はフランクリン・ルーズベルト米国大統領（当時）やその妻エレノアと親密な関係を構築し、日中戦争から第2次世界大戦に至る米国の対日政策に大きな影響を与えた。

第2次世界大戦中の1942年11月から1943年5月には、ルーズベルト大統領直々の招聘で米国を訪問し、米国政府の全面的なバックアップを受けて米国全土を巡回。自ら英語で演説し、抗日戦への援助を訴え続けた。彼女は米国をはじめとする連合国における抗日戦のシンボル的存在となり、蔣介石とともに「タイム」誌の表紙も飾った。中華民国のファーストレディとして、そして夫で英語を話せない蔣介石のスポークスマン兼中華民国のロビイスト的役割を果たしたのだ。

ロビーを通じて米国や連合国の世論を動かした中華民国に対して、日本は自身の立場や考え方を国際社会に説明する力が足りなかった。その結果として中華民国に都合のいい情報が事実として拡散し、日本は国際社会で孤立したのだ。

6

Bible of LOBBYING

日本のロビーケーススタディ

〝
遠洋漁業者らでつくる
日本かつお・まぐろ漁業協同組合が
ロビーに使えるのは年に数百万円。
マグロ保護を訴える米ピュー慈善財団の
年間活動費は2億5000万ドルだ。
〟

日本のロビイストはこう戦う

ここからは、日本企業、あるいは日本国内でのロビー活動、ロビイスト活用例を見ていこう。ロビイスト戦略で勝つものが覇権を握る。ロビー活動をしないということが許されない時代になりつつある。

価値観の相違が大きな相手、たとえば欧米人を相手にするなら、どんなに流暢な英語であっても、自分の価値観をそのまま100回述べたところで向こうは説得されない。新渡戸稲造の『武士道』は多くの西洋人に読まれたが、その理由はシンプルだ。新渡戸はキリスト教徒だから、キリスト教徒がわかるように武士道を解説することができた。日本のものを日本の文脈で見せても、それはエキゾチシズム以上のものにはならないのだ。

かつての日本企業が海外で成功していたのは、ものをして語らしめることができた時代だったからだ。現在、ちょうどリタイアするぐらいの人たちが、日本企業の海外展開で最初に海を渡った世代だ。彼らは「別に英語なんて必要なかった。電子レンジを持っていって、スーパーでデモンストレーションやったら、もう黒山の人だかりだったよ」と語る。

現地のものと比べても抜群に安い値段で、しかも性能がすごくいい。そんなふうに、製品の力が圧倒的に強かった時代は、現地の人々と価値観を擦り合わせる必要なしに製品を売ることができた。しかし、それは結局、人間対人間のコミュニケーションを十分やってこなかったということだ。外国企業の買収などで大変な目に遭う原因の一つはここにある。コミュニケーションを通じて価値観をきちんと合わせることができないと、必然的に、買った会社のマネジメントは難しくなる。

日本企業は、社内でのコミュニケーションは濃密に行うが、社外となると及び腰になるということが一般的にいわれている。価値観の翻訳をともなうコミュニケーションを避けてきたのだ。しかし、国際社会だけでなく、日本社会も変わろうとしている中で、今後も同じ態度をとり続けることはできない。

これまで社内の「改良と改善」にばかり向いていた目を外に向け、ルール作りに参画し、企業の声を反映させる。そのために、ロビーをコミュニケーションツールとして活用し、異文化に切り込んでいくことが必要となるのだ。

最初に紹介したいのは、東京オリンピック招致の事例だ。

ロビーケーススタディ 東京オリンピック招致

〈ロビーでつかんだ東京五輪〉

日本時間2013年9月8日、午前5時からの放送にもかかわらず、第

125次国際オリンピック委員会（IOC）総会を中継したNHK『いよいよ決定！二〇二〇年五輪開催都市』は12・7%という瞬間最高視聴率をマークした（ビデオリサーチ調べ）。

地球の裏側、アルゼンチンのブエノスアイレスのIOC総会会場。12時間の時差があるため、現地はまだ9月7日である。オリンピックを開催する都市を決めるこの総会は、東京2020年オリンピック・パラリンピック招致委員会にとって、これまでの招致活動の総決算の場だ。総会に参加した100人のIOC委員のうち、投票権を持つのはジャック・ロゲ会長、および候補3都市の委員をのぞく94人。1回目の投票では東京が42票を獲得した。ライバルであるマドリードとイスタンブールはともに26票。再投票が行われ、イスタンブールが49票、マドリードが45票。決選投票は東京とイスタンブールで争われることになった。

各都市の招致委員会、会場に詰めかけたマスコミや関係者が固唾をのんで見守る中、五輪マークの白い封筒を開封するロゲ会長。彼が開催都市を宣告しながら会場に示したのは「TOKYO 2020」の文字だった。20年のオリンピックは東京で開催される。16年の五輪招致で惨敗を喫した日本が、悲願を達成させた決め手とはいったい何だろうか。

多くの人が真っ先に挙げるのがIOC総会での最終プレゼンテーションだろう。13年9月7日、アルゼンチンのブエノスアイレスで、安倍晋三首相、猪瀬直樹東京都知事（当時）ら招致委員は堂々たるプレゼンを披露した。滝川クリステルさんの「おもてなし」というフレーズも非常に話題となった。

たしかに今回、招致委員たちのプレゼンテーションは構成もよく練られており、自信にあふれた表情、効果的な身振りなど、「プレゼンが苦手な日本人」というイメージを覆すものであった。それが招致活動を実らせた一因だというのは間違いない。

しかし、いくら立派なプレゼンも、それが相手の心を動かさなければ意味がない。最終プレゼンを含め、日本にオリンピックを呼ぶために、誰に何を訴えるべきかを招致委員会が調べ抜いたことこそが、最大の決め手なのだ。

〈失敗から学んだ課題〉

16年オリンピック招致の失敗を経て、2つの課題が明らかになる。国内にあっては国民の高支持率を獲得すること。海外ではＩＯＣ委員と直接対話し、東京への支持を取り付けることだ。

国民に対する働きかけ

招致のためには国内で支持を取り付け、さらには高支持率であることを国内外にアピールすることが必須である。招致委員会は支持率を高めるため、国内世論の形成に相当な力を入れた。IOCは名乗りを上げた各都市で五輪開催の支持率を調べるが、16年の招致では東京都民の支持率は振るわず55%止まりであり、IOC総会での開催地投票では3位で落選することとなった。

20年招致でも12年5月の調査では都民の支持率は47%。それを受けて、当時の石原慎太郎都知事は「東京五輪が実現しても、都民は見に来なくていい」と発言し、物議をかもした。

そこで日本オリンピック委員会（JOC）は五輪歓迎ムードを高めるために、さまざまな仕掛けを行った。12年8月に銀座で開催したパレードなどはそのいい例だ。ロンドンオリンピックでメダルを獲得した選手たちを一目見ようと50万もの人々が駆けつけた。59年、今上天皇のご成婚パレードが59万人の動員であるから、その規模の大きさがわかってもらえるだろう。夢を見ているような楽しさや、わくわく感を演出することで、国民はオリンピックがやってきたら、もっといいことが起こるに違いないと信じることができる。

16年の招致では見られなかった、入念な国民への呼びかけにより、13年3月に発表された支持率は東京で70%、東京以外では67%という高水準を達成する。16年招致での失敗から学び、国民に訴える手段を工夫することで、招致委員会は見事に成功を収めたのだ。

オールジャパンで取り組む

また、国として五輪招致の体制が整ったことも大きいだろう。11年6月に公布、8月に施行された「スポーツ基本法」。これはスポーツ振興法を前身にしている。スポーツ振興法は64年の東京五輪開催決定後に制定され、スポーツ行事の奨励や、国が地方公共団体のスポーツ振興、施設整備等を補助すると決めたものだ。スポーツ振興法を全部改定して生まれたスポーツ基本法はその前文で「スポーツは、我が国社会に活力を生み出し、国民経済の発展に広く寄与」し、「スポーツの国際的な交流や貢献が、国際相互理解を促進し、国際平和に大きく貢献するなど、スポーツは、我が国の国際的地位の向上にも極めて重要な役割を果たすものである」とし、「スポーツ立国の実現を目指し、国家戦略として、スポーツに関する施策を総合的かつ計画的に推進する」と述べている。スポーツ基本法を根拠に、政府も積極的な支援を行った。それは国民に対する呼びかけだけではなく、海外の要人たちへの働きかけでも効果的に作用した。

要人の狙い撃ち

招致委員会の海外における主たる活動は、100人近いIOC委員を説得するというものだ。委員を大陸別に見ると、欧州44人、次いでアジアの23人、南北アメリカが18人、アフリカが12人、オセアニアが6人だ（13年9月当時）。つまり、ＩＯＣ委員はその約半数がヨーロッパ人なのである。彼らへのアクセスを考えると、日本は地理的にずいぶん不利である。

また、かつては「貴族のサロン」ともいわれていたＩＯＣは、出自も背景も行動理念もさまざまな人々の集まりになりつつある。もともと委員の活動費は持ち出しという時代があり、メンバーは富裕層に限られていた。今でも王族の委員は残っているが、元スポーツ選手や現役の選手の委員も増えてきた。これもひとえに84年のロサンゼルス大会の商業的な成功がきっかけだ。ショービジネス化されたオリンピックは、巨額の富を生み出す世界的なイベントとなり、それが招致運動の加熱と一部の委員の腐敗を招いた。その後の組織改革により、状況は改善された。しかし、それは彼らの評価軸が多様化し、委員ひとりひとりに、きめ細やかな対応が求められるということも意味する。

招致委員会は世界中を飛び回りながら、IOC委員たちと面会を重ね、信頼関係を醸成し、彼らが何を考え、何を問題にしているかを調べあげた。そして、課題を解決するための方法を模索し、説得を続けた。

「王族」の参加

それからもう一点。日本の最終プレゼンでは7人が「招致のため」のスピーチを行った。しかし、登壇者はもう一人いらっしゃる。皇族である高円宮妃久子さまだ。

ほかの開催候補地の場合、王族が招致活動の顔役となることも珍しくない。実際、マドリード側には、当時スペイン皇太子であったフェリペ6世も参加していた。しかし、戦後、日本の皇族が総会に参加したことはなかった。オリンピック誘致には、当然ながら政治的な側面もあるから、宮内庁は皇室の政治利用を懸念していたのだ。16年五輪招致においても、皇室の協力を得るべく、招致委員会は働きかけを行っていたが、実現はしなかった。

今回においても、久子さまは登壇されたものの、直接には東京への投票を訴えていない。ほかの登壇者のように招致委員のユニフォームを着用せず、内容も東日本大震災に対するＩＯＣとスポーツ団体からの支援に対し、感謝の言葉を述べられるというものだった。

とはいえ、皇族が総会に初参加し、スピーチを行った影響は小さくはないだろう。というのも、すでに述べたように、もともとＩＯＣは「貴族のサロン」であった。一部の、特に王族の委員たちにとって、招致に名乗りを上げたなら、そこに王族が参加することはごくごく当たり前のことなのだ。

総会の前夜には晩餐会があったが、久子さまはそこでも、ＩＯＣ委員たちと積極的に交流されていたそうだ。ライバルの都市からすれば、日本の本気度をまざまざと見せつけられた形になるだろう。オールジャパンで勝ち取った、東京での五輪開催。国内外で人の心をつかむため精力的に活動した招致委員会の行動は、まさにロビイングの本道であり、正々堂々たるロビイングの勝利といえるはずだった。

しかし、16年になってから、東京五輪についてもある疑惑が浮上してしまった。招致に際して、シンガポールのコンサルタント会社へ2億3000万円の送金があった。このコンサル会社の社長の父親は国際陸上競技連盟の前会長で、アフリカやロシアと強いパイプを持つIOC委員だったラミン・ディアク氏。そのため、この送金は正当なコンサルフィーではなく、賄賂なのではと疑いをかけたフランス当局が調査を開始したのだ。

招致委員会理事長だったJOCの竹田恆和会長は、コンサル会社側から売り込みがあり、この会社の実績を確認したうえで契約を結び、送金したと話している。コンサル会社への支払いが正当なものであるか否かは、今後の調査で明らかになるだろう。しかし、活動に少しでも不透明な部分があれば、このように問題化することが避けられないことを、今後、ロビー活動に取り組もうとする企業は肝に銘じておく必要がある。

日本国内でのロビーケーススタディ

引き続き、日本国内で行われたロビー活動を見ていきたい。まずは、ロビー活動に慣れている外資系企業の例を紹介しよう。

ロビーケーススタディ

ノンバンクの逆襲

国際系ノンバンクのA社。提供しているサービスは日本国外では一般的な金融サービスであり、世界中で展開されているものだ。

A社は日本市場への参入を狙っていたが、そこには壁があった。日本国内の法律で、預入金なし、リスクなしの少額取引であっても、銀行業の営業の免許を付与されていなければならないとされていたのだ。免許を持っていない

Ａ社が日本国内でサービスを提供するためには、法律を改正する必要がある。そこで、Ａ社はメディアや国会での組織的なロビー活動を行った。最終的に金融庁が動き、国会に法案を提出。法案は衆参両院を全会一致で通過した。そうしてＡ社は無事に日本でのビジネスを開始した。リーディングカンパニーとしての地位も築き上げた。現在、日本において年間１００億米ドル相当の大規模な新規ビジネスを獲得している。

「ルールが違うからしかたない」と諦めていれば、利益は一円たりとも生まれなかった。日本市場のルールに合わせるために膨大なリソースを投入していれば、その間に、他社がＡ社のかわりに権勢を振るうことになったかもしれない。

ロビーケーススタディ

もつれた関係を整理して合意へ

外資系コンタクトレンズメーカーＡ社は世界レベルのブランドだ。技術的にも世界最高水準を誇っている。しかし、日本におけるカラーコンタクトレンズの認可許諾が遅れていた。

もちろん技術的には認可基準を満たしているのだが、A社と医薬品医療機器総合機構（PMDA）との間の見解の相違から両者の関係が悪化し、認可の可否がさらに不透明化していたのだ。

PMDAは医薬品等の品質や安全性を審査・検証する独立行政法人だ。ことの関係がこじれたままでは、当然、認可も下りるはずがない。

そこでA社は、厚生労働行政に通じた政治家にアプローチし、行政に対して積極的に働きかけることにした。

さらに、A社とPMDAの意見調整の会議を改めてセッティング。もともと基準を満たしている技術力を実証する科学的なデータを用意し、それをもとにして議論を重ね、製品の安全性等を改めて検証した。

結果、Ａ社のレンズの性能が認可基準を満たしているとのことで見解が一致し、見事、認可を受けることができたのだ。

ロビーケーススタディ データを示してチャンネル獲得

総務省が、ＢＳ放送のチャンネルを新たに複数、開放することにした。外資系の映像会社Ａ社も日本でもチャンネルを獲得したいと考えており、ここに応募することにした。

認可を受けるためには、事業計画の確実性や個人情報の保護が徹底されていること、広告放送が一定の割合を超えないことなど、さまざまな基準が設けられ、応募者間での比較も行われる。日本の業者にとっても、認可を得ることは楽なことではない。

Ａ社が日本でのチャンネル獲得に乗り出すのは初の試みである。外資系の会社ということもあり、総務省の認可を得ることは決してハードルの低いことではない。

そこで、放送行政に通じた専門家にアプローチし、行政へ働きかけることにした。A社がこれまで培ってきた海外での実績を科学的に検証し、提示することで、総務省もA社が信頼に足る業者であると認定することになった。

結果として、1チャンネルの獲得を目指していたA社は2チャンネルを手にすることができた。

ロビーケーススタディ

ワクチンで女性を守れ

英製薬大手のG社からロビイストが委託を受け、日本でのあるワクチン承認と助成金の拠出を政府・与野党に働きかけた。それは子宮頸がん予防ワクチンだ。

与野党の厚生政策に精通した議員に議員連盟の設立を働きかけ、がん患者団体などとシンポジウムを開催するなど、世論に訴える段取りをつけた。ピンクリボンキャンペーンなどを覚えている人も多いだろう。ある国会議員によれば、ロビイストとG社の役員が一緒に事務所を訪ね、子宮頸がん予防へのワクチン接種の重要性を説明していったという。結果、政府はワクチンの接種希望者に公費補助を行うこととし、200億円を超す予算措置を決めた。

このように、外資系のグローバル企業は着々と日本におけるロビー活動を成功させている。彼らの動きを知れば、日本企業によるカウンターとしてのロビー活動の指針にもなるだろうし、日本企業が海外に出る場合には参考にできるはずだ。当然ながら、日本企業であってもロビーをうまく活用しているケースもある。続いては日本企業の事例だ。

ロビーケーススタディ

マイクロソフト社に一矢報いた日本企業

公正取引委員会が米マイクロソフトを独占禁止法違反で排除勧告した。同社がパソコンメーカーと結んだ契約に「特許非係争（ＮＡＰ）条項」と呼ばれる規定が入っていたことを、世界で初めて違法と判断したのだ。

同条項は、基本ソフト「ウィンドウズ」の使用許諾契約をパソコンメーカーなどと結ぶ際に盛り込んだ規定だ。メーカー側が同条項を認めると、たとえマイクロソフトや同条項を認めた他の企業に自社の保有特許を侵害されても訴訟を起こせなくなる。

マイクロソフト自身、ＮＡＰ条項の「役割は終わった」と考えている節があるが、公取の判断は、日本メーカーの側面支援という見方もできる。デジタル家電分野でマイクロソフトと競う日本企業を応援するような判断なのだ。

もちろん、フェアな競争という観点から見れば、公取の判断は至極真っ当なものだ。同条項により日本のパソコン・家電メーカーが実害を被ったのかは不明だが、日本企業にとって不利に働く条項であったことに違いはない。

ロビーケーススタディ

光回線の開放を巡り新旧勢力が火花を散らす

NTT東西が光回線を貸し出す際の接続料の改定を巡り、NTTとソフトバンクの間で回線開放を巡る応酬がなされた。1芯（8回線）が最小単位の光回線を1回線から貸し出すよう求めるソフトバンクに対し、NTTは「技術的に困難」と反論。そこで総務省は1回線単位の貸し出しを見送るのと引き換えに、接続料を大幅に引き下げる案でNTTと調整に入った。これに片山善博総務相（当時）が「NTTには緊張感が足りない」と反発し、方針の撤回を求めた。総務相を動かしたのはソフトバンクのロビー活動だったといわれる。

ソフトバンクがネット企業だった頃には、規制を受ける法律もなかった。通信業に参入後、電気通信事業法など9つの法律に縛られることになったが、数々の規制を積極的なロビー活動によって切り拓いてきた。ロビーを重要視する姿勢は人材登用にも表れている。ソフトバンクのS社長室長（当時）は、もとは3期9年間務めた民主党（当時）の国会議員だった。これは日本企業が国会議員OBを自前のロビイストとして起用した初めての事例と見られる。2005年に落選した際に孫正義社長にスカウトされ、以来、省庁、政治家、財界団体への渉外活動に深く携わる。竹中平蔵氏が総務相を務めていた時代には、竹中氏のブレーンや参謀役とも交渉し、法改正を後押しするなどの大きな成果を上げている。

ロビーケーススタディ

日弁連自ら法案作成、発言力向上図る

日弁連会長の直轄組織として約30人の弁護士で構成される「立法対策センター」は消費者問題関連法などについて独自の法案作成を進めるために設置された。センター内には「立法対策室」を設置し、法案作りを専門とする弁護士が配置されている。ここでは、国会議員や官庁など関係機関からの情報収集と、日弁連の基本方針を反映した法案作りなどに取り組む。

もともと日弁連は国会や政党、省庁に対し、意見書を提出する程度だったが、法案提出によって発言力を強めている。国会議員や政党へのロビー活動を重視し、専門弁護士も育成している。留学経験がある外国の法制度に詳しい人材を積極的に採用することで、諸外国の立法政策も参考にしようとしているのだ。

ロビーケーススタディ 企業買収防衛策の陰にロビイストあり

ライブドア・フジテレビジョン騒動の余波で企業は敵対的買収におびえてい

た。新株予約権が認められても課税されれば投資家が敬遠し、買収防衛策が成り立たない恐れがあったためだ。そこで、M&Aを手がけ、防衛策を検討していた企業を顧客に持つ弁護士らは、ロビー活動を展開した。

膨大な資料を携え、国税庁や政治家を日参した。企業の株主総会準備が本格化しはじめた頃、国税庁が、買収防衛策として政府が認めた「新株予約権」への課税について見解を公表した。「政府のガイドラインに沿った予約権なら原則として発行時は課税されない」という内容だ。税法解釈の事後裁判は珍しくないが、同庁が事前に明快な見解を打ち出すのは異例のことだ。それを引き出したのは、企業が危機に瀕する危険性を丁寧に説いて回ったロビー活動の成果といえる。

ロビーケーススタディ

官の悪しき慣習を正面突破してきたヤマト運輸

宅配便サービスを開始しようとした当時のヤマト運輸に対し、多くの運送業者は既得権が侵されると反対。同社の路線免許取得は難航した。しかし同社は役所におもねらず、既存業界の反対工作には公取委に調査を申し入れる。監督官庁の大臣を訴えるなどして広く世論にアピールした。

最近では、「官」側が規制緩和を推し進めていることもあり、産業競争力強化法に基づく新規事業計画により、荷物運輸に高機能の電動アシスト自転車を使用することを、道路交通法施行規則特例として認めさせた。

ロビイストを雇用こそしていないものの、ヤマト運輸が行っていることはれっきとしたロビーだ。国民世論に訴えて政治を動かすという、PRを重視したロビー活動は、ITの発達によりますます重要になっている。交渉に長けているだけではなく、PR活動も行える、そんなロビイストが求められている。

ロビーケーススタディ

航空会社による羽田空港国際化

大手航空会社X社のH氏は、政治家や役所への渉外活動で頭角を現した。航空業界では政官界への豊富な人脈を持つ行動派として知られている。産業界屈指のロビー活動を専門とするX社調査室。永田町周辺で有名なこの部隊に、H氏は1993年から約10年間在籍し、業界の経営環境改善やX社の権益拡大に向け汗を流した。特に力を入れたのが羽田空港の国際化だ。

当時、国際線の拠点だった成田空港では日本航空が権益をほぼ独占し、X社にはなかなか発着枠が回ってこなかった。国際展開の拡大を悲願とするX社中興の祖・若狭得治氏（故人）が羽田国際化の構想を掲げたものの、事態は動かない。ライバルの日航は成田に投資をしてきたこともあり、羽田国際化には消極的だった。

そうした中、H氏は運輸行政に強い議員や役所のキーパーソンへの働きかけを続けた。自民党の羽田国際化推進議員連盟の発足に向け舞台裏で奔走し、旧大蔵省の主計官を訪ねて説得したこともある。

もちろん、不利な状況から脱したいというX社の思惑はあったが、成田空港が国際空港として発展するには「限界」があった。成田空港は周辺に住宅地が広がり、用地買収、滑走路拡充は容易ではない。さらに、世界的な基幹空港であれば24時間発着が当たり前だが、成田空港は発着可能時間も制限され、発着枠の拡大も事実上不可能だ。この問題はX社だけでなく、日本としても限定要因になりかねない。

その後、規制緩和や航空自由化の流れに乗り、羽田の国際化は一気に進んだ。01年には昼間の国際線チャーター便、10年秋には定期便が開設された。

ロビーケーススタディ

経団連、経済同友会、商工会議所、新経連

経済産業団体の事務局もある種のロビー団体、シンクタンクとして活動して

いる。

日本経団連には日本を代表する大企業を中心に約１３００社が加盟している。事務局は約２００人の職員で構成され、加盟企業から人材を積極的に受け入れる機関として機能している。企業の出向者は常時、職員の1割にあたる20人ほどだ。その経歴は多彩で、若手・中堅の会社員らが中心だが、事務局での活動を通じて産業界や政界、官界で幅広い人脈をつくるよう期待されている。各種の規制緩和など国民生活を便利にする政策提言を行うのも事務局の仕事だ。

経団連としての提言をまとめるのに、まず経団連職員が自ら企業を訪問し、多くの声を聞く。産業界の最大公約数を見極め、企業間の利害調整を図るためだ。これまでも「ＴＰＰ交渉で主張すべき日本の国益とは何か」「国際会計基準をどう適用すべきか」「女性の役員比率を有価証券報告書で開示すべきか」など、経団連の加盟企業の意見に耳を傾けて政策提言をつくり、政府や関係機関に発信している。

12年12月に自民党が政権に返り咲くことが決まった後、安倍晋三総裁（当時）と米倉弘昌会長の関係がぎくしゃくした。経団連は10年、政治献金への関与をやめたが、加盟企業からは「カネと票のどちらかの関与がなければ政治への影響力は戻らない」（商社）との声も上がる。政権与党との間合いをいかに取るかが課題だ。

経団連のほかにも政府・政治への政策提言を通じて、加盟企業の発展を目指す団体がある。経団連のようにさまざまな業種でつくる団体の中では、経営者が個人資格で加盟する経済同友会が有名だ。経団連に比べて、先駆的な政策提言が特徴。事務局は企業の出向者を含めて約60人。学者やエコノミストの力も借りながら提言をまとめている。

中小企業を中心とする日本商工会議所は、１００人の事務局職員を抱える。政策提言のほかに、全国各地の商工会議所に属する１３０万人の会員をまとめるのも重要な役割だ。同友会と日商は経団連とともに「経済3団体」と呼ばれる。民主党政権が原発ゼロ方針を打ち出した際に、3団体が団結して反対した。

3団体の採用は新卒が中心で、採用数は1年間に数人ほどという狭き門だ。社会人らの中途採用も必要に応じて補完的に実施する。経団連は「司法修習修了予定者」などと応募者に特別な資格を求める場合もある。

楽天の三木谷浩史会長兼社長は、所属していた経団連を「保守的で保護主義だ」と批判して脱退した。そして、インターネット関連企業などでつくる「新経済連盟」を旗揚げした。

ロビーケーススタディ

企業内弁護士がロビイストとして活躍

2006年夏、大手電器メーカー法務本部のZ弁護士は、フラッシュメモリー内蔵型の携帯音楽プレイヤーを持って、東京・霞が関の官庁街を渡り歩いた。機器に記録された音楽の著作権の扱いを巡るロビー活動のためだ。

音楽プレイヤーを販売する業界では、本体記録型の機器普及とともに新たな問題が浮上していた。機器修理の際、本体に記録された音楽や映像を別の媒体にバックアップしておきたいが、違法コピーになってしまう。業界団体も著作権法の改正を要望していた。

文化庁や経済産業省では現行法の問題点や業界の要望などを説いた。省庁側の姿勢を読み取り、さらに意見をぶつける。「機器修理の場合、音楽や映像を一時的に別の媒体に記録できる」との内容を含む改正法は06年末に成立した。Z氏は企業内弁護士でありながら、そのロビー力で、企業に利益を呼び込むだけでなく、日本社会全体を住みよいものにしたのだ。

海外に打って出る日本のロビイスト

企業の利益や国益を守るために、日本企業のロビイストは海外でも戦いを繰り広げている。国民が安穏として暮らしていられるのはロビイストのおかげかもしれない。彼らの活躍ぶりを見てみよう。

ロビーケーススタディ

日系企業の米ロビイストの先駆け

トヨタ自動車、日産自動車の二大メーカーの米国法人ワシントン事務所は、1980年代にロビイスト登録した。日本ロビイストの原点だ。米国籍を持たない法人や個人の場合、米国内での情報収集活動を行うための外国代理人登録をまず司法省で行い、そのあとでロビイスト登録ができる仕組みだった。しかしトヨタ、日産のワシントン事務所はどちらもカリフォルニアに本社を持つ米国法人の出先機関であるため、直接ロビイスト登録することができた。

　トヨタ、日産ワシントン事務所がロビイスト登録に踏み切った大きなきっかけは、米国市場からの日本車の締め出しをねらったローカルコンテント（自動車部品国内調達）法案の米議会への提出、審議だ。当時の米議会には、日本車の輸入制限を求める法案が相次いで提出されていた。発足間もないレーガン政権は81年春、日本政府との間で日本車の対米輸出の自主規制で合意した。このような状況下で、日本企業は直接議会に出かけて、議員や議員スタッフと面会、理解を求めることが不可欠となった。また、IBM産業スパイ事件を受け、情報収集活動にも慎重を期す必要が出てきたとの判断もある。

　フォードやGMに代表されるように米国にとって自動車は基幹産業だ。そのために議会や歴代政権は非常に厳しい目で米国外の自動車企業を見てきた。

最近でも、事故があったとはいえ、トヨタやホンダが激しい追及を受けている。性能や安全性だけでなく、より強いロビー活動が求められているのだ。

ロビーケーススタディ ヨーロッパで活躍する日の丸ロビイスト

「在欧日系ビジネス協議会」（ＪＢＣＥ）は、日本企業が１９９９年に設立したロビイング団体だ。ＥＵが本部を置くベルギーの首都ブリュッセルで活動する。照準はＥＵの執行機関である欧州委員会と、環境規制などの分野で影響力を増す欧州議会だ。ＥＵが先進的な家電リサイクル法や有害物質規制を策定した際は、ＪＢＣＥが欧州議員らを動かして、日本企業ばかりが不利になるような法案の修正に成功した。

ＥＵの環境規制や歩行者保護策などへの取り組みにいかに食い込むかということはＥＵ域外の企業にとっても重要だ。日本や中国などで活動する企業も、サプライチェーンを通じてEU規制への対応を迫られる。このことからEUの政策決定に関与する必要性はかつてないほどに高まっている。

EUでは、独立してロビイストの会社を設立する日本人もいる。安全対策などを訴え、日本車のブランドイメージを高めるなど、日本人ロビイストの貢献は大きい。

ロビーケーススタディ　省エネエアコンで市場を切り拓く

空調機器メーカーA社はインバーター技術に強みを持っている。しかし海外では日本ほどインバーターエアコンの普及が進んでいない。

インバーター機は、室温と設定温度に応じて、コンプレッサーやモーターの働きを細かく制御する。部屋がとても暑いときにクーラーを入れると、最初は急速に冷やし、そのあとはできるだけ室温の上下が起こらないように調整し続ける。一方で非インバーター機は、最初に設定温度まで下げてくれるのは同じだが、細かい調節はできない。ある程度冷えれば一旦停止し、一定以上温度が上がればまた動くという仕組みである。

ＥＵが空調に関するエコデザイン要件の検討をはじめた際に、Ａ社は、インバーターエアコンの年間消費電力量に関するデータを提出した。最大消費電力についていては、インバーターを搭載していても大差はないが、年間消費電力量にすると、インバーターエアコンに軍配が上がる。Ａ社の提出したレポートは、ＥＵでもあまり認知度の高くないインバーターエアコンの優れた省エネ性能をアピールすることができた。

結果、ＥＵにおいては、その製品が本当に省エネかどうかを判断するために、季節ごとのエネルギー効率指標を導入することになった。インバーター技術を持つＡ社にとって有利なルールが制定され、インバーター機の普及が進むことで省エネも促進されるようになったのだ。

ロビーケーススタディ マグロとロビイスト

遠洋漁業者らでつくる日本かつお・まぐろ漁業協同組合（東京・江東区）は、米首都ワシントンで、クロマグロの禁輸阻止に孤軍奮闘した。

序盤は劣勢だった。伝統文化の保護だと主張して先住民系、アフリカ系、アジア系などの議連を総動員しようと考えたが、鳩山由紀夫政権（当時）の支援を得ることはできなかった。自分たちで状況を打破する必要があるが、手持ちの資金は少ない。同組合がロビーに使えるのは年に数百万円。マグロ保護を訴える米ピュー慈善財団の年間活動費2億5000万ドルだから、まさに桁違いである。

しかし、ワシントン条約締約国会議の評決は国連と同じ一国一票。欧米諸国をはじめとする先進国の一票も、アジアやアフリカの途上国の一票も、重みは同じだ。水産庁時代に捕鯨などタフな国際交渉にもまれた同漁協組合長がマグロ漁業の技術支援をテコに、内々にアフリカの大西洋岸諸国に働きかける作戦に出た。彼らが日本支援に回ったことで、見事劣勢を覆すことに成功した。

ロビーケーススタディ
大手電器メーカーの米国でのロビー活動

大手電器メーカーY社の社長となったN氏は、米IBMとの著作権紛争が一段落した1989年、初代の駐在員事務所長としてワシントンに赴任した。Y社の代理人として議会などで活動してくれるロビイストを探すのが最初の仕事だった。契約したエイキン・ガンプ法律事務所は、米通商代表部（USTR）元代表のロバート・ストラウス氏や、通商協定の締結で大統領の権限を強める「ファストトラック」手続きを起草したリチャード・リバース氏ら大物が共同経営していた。通商交渉の当事者だった人や通商法の起草者を味方につけたのだ。米国人の部下を通じ、有事の際にロビイストがＹ社のために政策決定者に働きかけてくれる仕組みをつくった。日米の貿易摩擦で「Ｙ社叩き」が起きないよう保険をかけたという。実際に日系他社が激しい攻撃にさらされる中で、Ｙ社には批判の矛先が及ばなかったという。

このようにロビイストには、何かアクションを起こすときだけ起用するのではなく、常日頃から関係性を構築し、有事に備えるという側面もある。燃え盛る炎を消すのは大変で、下手をすれば延焼することもある。そもそも火事が起こらないような対策を、ロビー活動を通じて、普段から取っておくべきだろう。

ロビーケーススタディ 富士山の世界遺産とロビー活動

私たちの記憶に新しい富士山の世界遺産登録。登録が決定される前、日本側が世界遺産の構成資産として挙げていた「三保松原」は、ユネスコの諮問機関「国際記念物遺跡会議」（イコモス）から登録除外を勧告されていた。関係者も富士山と三保松原の物理的な距離が離れていることから、登録を諦めたほうがいいと主張する人も多かった。

そこで活躍したのが、近藤誠一文化長官（当時）である。近藤長官は世界遺産委員会の参加国を説得すべく、現地入りした翌日から精力的に動いた。世界遺産委員会の委員国21カ国のうち、日本をのぞいた全20カ国の関係者に接触し、三保松原の重要性を説いて回ったのだ。休憩時や昼食時に、関係者に声をかけて「イコモスの審査基準は厳しすぎる」と盛んに訴えていた。こうした周到なロビー活動が功を奏したのだろう。

ロビーケーススタディ

乳酸菌飲料を世界に広める

日本において、乳酸菌飲料に整腸作用があることは広く知られており、普段から飲んでいるという人もいれば、どうもおなかの調子が悪いというときにだけ買う人もいるだろう。メーカーは、カロリーオフの製品を開発したり、特定保健用食品の認定を受けたりして、さらに付加価値を高めた製品を次々と送り出している。しかし、海外には、乳酸菌飲料という枠が存在しなかった。そのため、日本において乳酸菌飲料とされるものが、清涼飲料としてコカ・コーラと同列に扱われるというようなことも起こっていた。それが、2010年、国際食品規格委員会（コーデックス委員会）の総会において、「乳酸菌飲料」が新たな国際規格として採用されることとなったのだ。

その背景には、ヤクルトの働きかけがある。言わずと知れた乳酸菌飲料最大手だ。ヤクルトは企業単独ではなく、業界団体である全国はっ酵乳乳酸菌飲料協会を通じて、コーデックス委員会への働きかけを行った。コーデックス委員会というのは、国連食糧農業機関（FAO）と世界保健機関（WHO）によって設置された、食品の安全性と品質に関して国際的な基準を定める政府間機関である。このコーデックス委員会において、乳酸菌飲料が新たに国際規格化されたことで、それまで世界的に認知度が低かった乳酸菌飲料が健康食品として明確に位置づけられた。健康食品として認められれば、税率も変わるというメリットもあり、たとえばイタリアでは、それまで20％課税されていたものが半分になる。健康増進に効果があると広く認知されることで、これまで以上に多くの消費者が購入し、結果として、企業の利益拡大につながるわけだ。

ロビーケーススタディ

経団連、アメリカに新拠点

経団連は2015年、日本とアメリカの経済関係の強化をねらって、ワシントンに約6年半ぶりに事務所を開き、日本の経済情報の発信やアメリカの経済・政治情勢の分析などの業務を再開した。経団連は、リーマン・ショックを受けた合理化の一環でワシントンの事務所を閉鎖した。しかし、中国や韓国など各国がアメリカの政策に影響を及ぼそうとワシントンでの活動を活発化させる中、日本の存在感が低下しつつあるとして事務所の再開を求める声が日米双方から出ていた。再開された事務所は、アメリカ政府や議会関係者などに日本経済の動向や日本企業のアメリカでの活動について情報を発信したり、アメリカの経済・政治情勢を分析したりする拠点として業務に当たることにしている。TPPが大きく動きはじめたことも設立の大きな要因のひとつだ。

まとめ

こうしてみると、私たちを取り巻くありとあらゆる分野で、ロビー活動が行われていることを実感していただけるだろう。これでもまだロビーは、遠い世界のことだと思うだろうか。

19世紀の米国に端を発するロビー活動。ロビーがかつて隆盛を極めたとき、行き過ぎた、公共性を欠く悪しきロビーがはびこった時代もあった。一部のステークホルダーだけが関与できる、密室での話し合い。そのイメージが世間に浸透したことで、米国や欧州、そしてこの日本でも、ロビーという単語は毛嫌いされ、よいロビー活動も、悪いロビー活動も一緒くたに、「してはいけないもの」とされてしまった。

それから時が流れ、ロビーは新たな段階にシフトしている。パブリック・アフェアーズとも呼ばれる新しい、正しいロビーの時代だ。

ロビーはすべて悪いものだと感じている日本人は、まだまだ多いことだろう。しかし、ケーススタディで見てきたように、そんな日本の認識とはかけ離れた、正しいロビイストたちが、米国で、欧州で、そして中国や韓国といった近隣諸国でも精力的に活動している。なぜ諸外国のロビイストは、それほど活発に動けるのか。

それは、まずロビイスト自身が、自分の活動に公益性があると確信しているからであり、彼らのうしろにいる企業、ＮＰＯ、あるいは一国の政府もまた、正しいロビー活動に対しては、あらゆるバックアップを行うからだ。

ロビー大国である米国では、新進のＩＴ企業がロビーに大金を投じる。彼らは、新しい分野を誰よりも早く切り拓くために、他社より優れた技術力を持っているだけでは不十分なことを、身をもって経験してきた。技術力を生かすためには、社会の了解を取り付けなければいけない。そこで正しいロビーの出番となる。日本において、自分たちの持つ、よりよい技術を認めてもらうために、社会に働きかけ、社会を変えてやるのだという気概を持つ企業が、はたしてどれほど存在するだろうか。

ＥＵにおいても、ブリュッセルを中心として、世界中を巻き込むルールが日夜議論されている。「持続可能な開発のためには、EUの環境基準でなければいけない」と主張してくる相手に対して、「いいえ。EUの基準よりも厳しくて、より細かく定められた日本の基準のほうが適しています」と主張できる企業が、はたしてどれほど存在するだろうか。

「なぜ自分たちの意見が正しいのか」を堂々と掲げて、よりよい社会を実現するためのロビーを、私たちは今こそはじめなければならない。

TPP交渉を考えてもらえばいい。これからの社会は、国際的な大舞台での勝負だろうと、国内の企業同士の争いであろうと、単純な資金力の多寡や、技術力の優劣だけでは決まらなくなる。ロビー活動によって、社会に認められた者が勝つ。それが世界的な潮流であることを見逃してはいけない。日本企業がルールによって叩きのめされるか、世界市場を席巻するような存在感を示せるか。それは、ルールメイキングを担うロビー活動の出来不出来に大きく影響されるのである。

鼎談
世界で勝つ企業、世界で負ける企業

何よりもトップの意識改革を

西江　私が社長を務める株式会社ベクトルはPR会社です。日本企業が、そして日本という国自体が、一転攻勢を仕掛けていくためにロビーが必要だということは、私もかねてから主張し、パブリックアフェアーズ事業部を設立して、企業のPRや政府への政策提言などで、そのお手伝いをしてきたつもりです。おさらいも兼ねて、日本がロビー力を高めるために何が必要なのか、お二人と一緒に考えてみたいと思います。まず国内においてですが、以前と比べると、企業と政府の協力関係がうまく築けていると思います。この関係をさらに前に進めるためにも、日本企業がこれからの成長戦略において、ロビーが死活的に重要だと認識して行動を起こさなければならない。ですが、日本社会の雰囲気がまだまだ邪魔をしているというのが現状ですよね。

岩本　おっしゃるとおりです。海外でロビイングを成功させている日本企業であっても、国内ではロビーをやりづらいという声を聞きます。まずは国内におけるロビーの概念をグローバルスタンダードにするべきでしょう。つまり、社会課題を解決するためにやっているのだから、企業が正々堂々と政策提言をすることに、何の問題もない。そんなふうに誰もが認識するようになれば、きっとうまくいくはずなんです。

西江　東京オリンピックの招致を契機に、肯定的に取り上げられる機会が増えたようには思います。これはいい流れではないでしょうか。

藤井　ロビイングという言葉がダーティー・ワードでなくなるには、どこの国であっても、一定の時間がかかっています。ヨーロッパでも10年かかりました。日本は今、まさにその途上なんです。ただ、視線が国内の制度だけに向いていてはいけません。制度を変えるためにも働きかけるにしても、グローバルな視点が欠けていては困ります。

西江　グローバル企業であっても、日本発の企業は、日本的な考え方を引きずってしまっていますからね。

藤井　なので、ロビイングもグローバルにできているかというと、うまくいっていないことが多いのです。日本国内と国際社会のルールが異なることが、今でも大きな問題になっているわけですから、その差異を解消するために、ロビイングを活用しなければいけないでしょう。

西江　そのためにまずは経営者がロビーの重要性に気づき、社内にロビーのための組織をつくる必要がありますね。

藤井　そうです。経営者でなければ、ロビーを牽引することはできません。

西江　私たちはこれまでにも外資系企業が日本に進出する際のお手伝い

をしてきました。参入のためにはいろいろな障壁があり、それを解消しなければならない。そんなときに外資系の経営者は担当者任せにせず、トップみずからが日本に乗り込んでロビー活動を行います。それがとても印象的でした。

藤井　日本の経営者は研究開発には大きな関心を示しますが、ロビーに関しては意識が希薄なのです。たとえば新薬を開発したとしても、ロビイングに関心がなければ、認可されないかもしれない。ロビーを抜きにしていては、ビジネスのストーリーが完結しないということを、経営者にはぜひわかってもらいたいですね。欧米のグローバル企業はまず、ロビーで地ならしをしてから臨む。そこに日本企業と欧米企業の利益率の差が表れているのだと思います。

西江　では、国外に目を向けて、日本企業が海外に出ていくときに、気をつけるべきなのは、どんなことでしょうか。

藤井　米国にせよ、ヨーロッパにせよ、中国にせよ、働きかけの対象となる地域で、どうやればロビイングがうまくいくのかを知ることが重要です。現地の政策決定プロセスを把握し、欧米の企業がいかにしてロビイングを行っているのかをよく勉強しなければなりません。また、欧米企業のロビーの大きな特徴は、本社の強いコントロールが利いているということです。たとえば米国企業がロビイングする場合、日本やヨーロッパ、世界各地のロビー部隊が好き勝手に動いているわけではなく、米国の本社にはロビイングの中枢部隊が置かれ、そこがハブになって、グローバルなロビイングを展開するのです。

西江　社内のロビーチームはハブ機能も果たさなければいけないのですね。

藤井　そのうえで、アメリカの会社もヨーロッパの会社も決して伊達や酔狂でロビイングをしているわけではありません。彼らの事業戦略というものがまず下敷きにあって、ロビーを展開している。事業戦略とロビイングの両輪で、いかにして相乗効果を生み出していくかということを考えなければなりません。

西江　経営層のコミットがなければ、ロビーは成り立ちませんよね。ロビーなくして、経営なし。それだけの危機感を持っている経営者というのは、まだまだ少ないですね。

人材不足をどう乗り越えるか

岩本　私は企業トップから依頼を受けて、中国などアジアの国々でのロビイングを経験しています。社内にロビーのできる人材がいないから、外注されたコンサルティング会社や経産省が間に入るのです。しかし、意識が高い人たちもいます。そういった人たちは、ロビーをやらなければ、会社の成長が望めないと気づき、行動をはじめています。とはいえ、まだまだ人は足りていない。ロビーについて学べる場が日本国内にはほとんどありませんから。

藤井 ロビイストはビジネスのこともわかっていて、政治の構造や政策のつくられ方も熟知していなければならない専門性の高い職種です。ですから、ロビイストを増やすためには人材マーケットも必要になります。十分な専門性を備えたときに、キャリアパスが見えてくるような環境が整っていなければ、誰もロビイストになりたいと思わないでしょう。

西江 その問題は、一企業や、民間だけでどうにもできません。ロビーを知り、ロビイストを育成するための場を、官民が連携してつくっていくことが今の日本には求められていますね。

藤井　経験のない人をゼロからつくりあげていくというのは非常に難しいと思います。出発点としては、海外でのロビー経験のある人を招いて、彼らを通じて学ぶといいでしょう。

岩本　国内でも、政策のプロとビジネス戦略のプロが一緒になって働く機会がもっと増えるといいのですが、なかなかそうはならない。どちらの現場も知っている人はちゃんと問題意識を持つようになるのですが、今度はそんな人たちが出会う場がなくて、ばらばらに散らばっているというのが現状です。

西江　誰かが声を上げて、ロビー協会のようなものをつくる必要を切に感じます。

藤井　それは、透明性の観点からもとても重要な提案です。また、日本でロビイングに取り組んでいる人たちは、理解を得られないために孤独なんです。そういった人たちを一度集めてみて、そこで何が生み出されるかを見るというのは、いいアプローチかもしれません。

岩本　会社内にロビー組織は必要ですが、全部内製化しなければいけないということではないですし、育成には時間がかかります。人を育てつつ、手が回りきらないところでは、外注していく。それでまた会社内の人材が育っていくということはあるでしょう。

企業の声を社会に届けるために

西江　社会を変えることで自分たちの技術が社会に受け入れられるようにしていくのがロビーであり、社会を変えるためのひとつの手段としてＰＲがある。ＰＲ会社とロビーはもともと親和性が高いわけで、われわれも戦略ＰＲで培ったノウハウを生かし、積極的に企業のロビイングを行っていきたいと考えています。

岩本　西江さんはロビーがいかに大事かご存じですし、そのための体制を整えておられます。でも、現状では大手の広告代理店もまだまだ意識的ではありません。イメージ戦略という意味のPRではなくて、本来の意味のPRに、企業だけでなく、PR会社も向き合うことができるかが問題になるでしょう。それができれば、PR会社が担うべき役割は、これからますます大きくなるのではないでしょうか。

藤井　実際、PR産業とロビー産業の融合は、世界的なトレンドです。ロビーには、行政府に対するロビーと、立法府に対するロビーの両方がありますが、これからは立法府との関係がすごく重要になる。また、NGOの影響も大きいから、彼らとのつながりも必要です。さらには、PRによって世論も巻き込んでいく。それがこれからのロビーです。

西江　私たちはいいモノやサービスを広める過程で障害を乗り越えるために、一般の人向けに企業のメッセージを発信するだけでなく、政策決定者や規制省庁とやり取りを重ね、つながりも強くなりました。

岩本　実際に政策を動かす力を持つ人が、どこにいるのかというのは、普通の企業ではなかなかわからないところですよね。だからそこで、コンサルティング会社や、ＰＲ会社の出番になる。しかも、官のほうも、企業の声を聞きたがっている。

藤井　そうなんです。欧州委員会の議員たちが、なぜロビイストを歓迎するかというと、彼らはリアリティを知りたいのです。自分で調べるよりも、企業から聞く情報のほうが確度は高く、生の声にふれられる。ロビイングというものは、本来、政策立案者からも必要とされているんですよ。

岩本　私も同じ意見です。だから、ビジネス・ガバメント・リレーションズという言葉を定着させたいと思い、あちこちで講演をしています。国内にあっても、政府と企業は、お上と領民の関係ではなく、対等であるべきなんです。意識改革をしなければ、企業はいつまでも補助金にぶら下がることになる。以前、とある省エネ機器のロビーを行ったとき、使えるであろう手段を机の上に並べてみたら、いろいろなルールを作ったり、規制を作ったりと、20個ぐらいありました。政策を味方につければ、企業ができることは格段に広がります。補助金以外の政策ツールにも目を向けて、どのツールが一番レバレッジするのかを見極めてから動くことで、結果は大きく変わるはずなんです。

外に目を向けよう

藤井　日本企業はアジェンダの設定にも慣れていません。技術とアジェンダは別です。たとえば電子内視鏡は世界でも日本企業しかプレイヤーがいない。なぜかというと、電子内視鏡が活躍するのは初期の腫瘍に対してだからです。腫瘍が早期発見できるのは、日本に健康診断があるから。諸外国では健康診断をしていませんから、電子内視鏡がどんなに便利であっても売れないんです。

岩本　「あなたの国でも健康診断をするべきだ」と訴えれば、状況は変わりますよね。健康診断によって、日本国民は健康だ。こんなにメリットがあるのだから、ぜひやるべきだと。そうすれば、海外で莫大な電子内視鏡の需要が生まれる。

藤井　そうです。せっかくの高い技術力があるのだから、その技術で、いかにして社会をよくできるかを企業自らが考えてほしい。高性能の電子内視鏡は技術であって、健康診断制度の普及はアジェンダなんです。その両輪がそろってはじめてビジネスがプロデュースされるのです。

岩本　国内企業同士でも、うまくアジェンダを設定できれば、国内でのシェア争いに終始することはなくなるはずなんですよね。

藤井　やはり、異文化を理解しなければ。社内では濃密なコミュニケーションを取っているけれども、それが外に向かない。意識が内に向いているうちは、ロビーはできませんよ。

西江　私たちベクトルはアジア・ナンバーワンの地位を目指すべく、積極的に外に出ていっています。私自身、海外に行く機会が最近は特に多い。そのおかげで、日本の環境がとても特殊なことに気づきました。たとえばメディアにしても、日本はキー局体制でテレビ局の数が限られていて、しかもどの局も似たり寄ったりの内容しか放送していません。一方で、米国や中国は、チャンネルが何百とある。新聞にテレビ欄なんてないし、ドラマを見るのも、時間になったらテレビの前に座るというのではなくて、オンデマンドで見たいときに見る。それだけ大きな差があるということを、私は海外で相当の時間を過ごしてやっと気づくことができました。国内に閉じこもっていれば、わからないことが本当にたくさんあるんだろうなと実感しています。たとえば、日本人は日本文化がイケてると思っているけど、現状でアジアを席巻しているのは韓国。インドネシアなんかに行ってみても、韓流アイドルは知っているけど、日本のアイドルは知らないという人が大勢いるんです。

藤井　日本の中だけでコミュニケートしていると、客観的に見れなくなるんですよ。自画像が肥大化してしまって、「日本のものはいいものだよね」という予定調和で終わってしまい、そこから先に広がらない。それは一般の人たちも、企業も、そして経営者にも共通していえることです。これを正していくためにも、グローバルに捉える、つまり自分たちの相対的な位置をきちんと理解する必要があります。もっと目を、外に、外に向けていきましょう。そうなれば、ロビーの重要性にも、改めて気づくことができるはずです。

西江　お二人とともに日本のロビーを盛り上げていけたらと思います。今日はありがとうございました。

おわりに
Conclusion

「誤解されたまま勝負がついてしまった」は克服できるか

岩本 隆

技術立国である日本が、技術だけで生き抜くことができた時代は終わりを告げた。その高い技術力があだとなり、ルールが支配する世界に乗り出すのが遅れてしまったからだ。日本の人口減少と高齢化問題は抜本的な解決策をいまだに見いだすことができていない。だから日本企業は、活路を海外市場に見いださなければいけない。ルールが支配する海に漕ぎ出すときなのだ。

最後に少し、私自身の話をさせてほしい。私は元々技術畑を歩いていた人間であり、研究開発に長いこと携わってきたが、実のところ、自分で手を動かして研究開発を行うよりも、マネジメント業務に就いていた期間のほうが長い。

以前勤めていたノキアでも研究開発部隊に籍を置いていたが、交渉術の基礎はここでつくられた。なぜ研究開発なのに交渉術が関係するのか疑問に思われるだろう。ノキアは多数の研究所を抱えているが、その予算の割り振りはガチンコの競争で決められる。それぞれの研究所が事業部に営業をかけ、それがうまくいかなければ研究費が獲得できないのだ。予算を獲得できなければ当然部下も雇えない。最悪の場合、くびを切ることになる。研究所のマネジャーであった私は、営業の総責任者であり、そんなプレッシャーを抱えながら自ら事業部に乗り込まねばならなかった。対人スキルを磨かざるをえなかったのだ。

営業がうまくいけば受託。その後、社内で契約書を交わす。肩書こそマネジャーであったが、気分は社長だ。約20人が所属し、年間の予算は6億円ほどの研究所のトップとして、社内営業だけではなく、コスト管理もするし、人材採用もするし、組織の戦略も練る。私はハードウェアグループのマネジャーだったが、ソフトウェアのマネジャーをやっていた同僚はその後、東証一部企業の社長になっていたりもする。研究一筋であったなら、私も彼もまったく違う人生を歩んだことだろう。日本でも部署ごとの独立性を高めている企業はあるが、やはり外資系企業に一日の長がある。私が会社内での丁々発止のやり取りによって身につけた技術は、当然のことながら会社の外とのやり取りでも効果を発揮した。

日本のビジネスマンは変化を嫌う。しかし、ひとつの場所に留まっていても、新しい発想はなかなか生まれない。異分野や異業種の人と出会い、経験を積み重ねることは決して無駄にはならない。

日本で生まれ育った人が海外であまりのギャップに衝撃を受けるということはよくある話だ。そこでショックを受けたまま、すごすご帰ってきては、「日本人は自分たちの製品を売ることにしか興味がない」という誤解を解くことはできないだろう。私たちが品質の改良を重ね、工程の改善を繰り返すのは何のためか。そこには、よりよい社会をつくりたい、そのために自分の製品を役立てたいという気持ちがあるはずだ。

ルールの重要性を知り、積極的にロビー活動を行っていけば、いずれは日本企業が欧米企業と肩を並べ、交渉でも負けない力を身につけられるはずだ。そんな未来を実現させるために、私は少しでも自分の力を役立てたいと思っている。

変革の時代を生き残るために

藤井敏彦

　これからは国内においても、政府主導であったり、官民一体となったビジネスモデルがますます起こっていくだろう。今後の教育現場へのタブレット端末導入などは大きな変革のひとつといえる。タブレット端末の導入はそれだけで完結するものではなく、そこからさらに新しいビジネスモデルが続々と生まれるはずだ。そのひとつはビッグデータ関連のもの。たとえば東大に入ったA君は、高校2年生のこの日にはこの問題を解いていたというレベルで情報が蓄積されていく。ある人がどのようにして秀才になったかということがデータとして残ったり、この問題が苦手な人間はこの問題も苦手とか、どこでつまずいている生徒が多いとか、そういった情報がどんどん蓄積される世界になるのだ。しかし、その一方で、デジタル化されることによって失われてしまうものもあるはずだ。そうすると、今度はそれを誰が供給するのかという話が出てくる。そこでもまた、新たな取り組みが必要とされる。

政府がITによって教育現場を改革したいと思っていても、政府だけでは十分な資金を用意することはできない。だから民間の力を使えるところでは、その力を積極的に振るってもらう必要がある。こうした変化は教育だけではなく、あらゆる分野で起こっていくだろう。

そんな時代の潮目にあって、政府がすべての道筋をつけてから、話に乗るか乗らないか決めるという態度では、企業は生き残れない。政府に提案をしていく能動性が必要である。海外進出でも同様だ。中国の当局をどう変えられるか、ブラジルの当局とどう話をしていいのか、ヨーロッパの規制にどう立ち向かうのかを考えなければいけない。そこで重要になってくるのは、企業が政策立案能力を持てるかどうかということだ。

ロビーやルールメイキングの重要性は十分に認識していただけたことだろう。日本企業は立ち上がりこそ遅れたものの、今ならまだ間に合う。交渉で負けて、日本の高い技術力をむだにしてしまうような時代を終わらせよう。日本の技術は世界が直面する課題を解決する大きな力を秘めている。その力を秘めたまま終わらせるか、最大限に活用してよりよい世界をつくっていけるか。未来は、ひとつひとつの日本企業、一人一人の日本のビジネスマンが自立した存在として社会と関わっていくことができるかにかかっていると思うのだ。

◉参考文献

攻めのワシントン事務所へ、トヨタ・日産がロビイスト登録
1983/08/09 日本経済新聞　朝刊 10ページ

駆ける「日の丸ロビイスト」、EUにモノ申す、
平塚敦之氏・太田博喜氏・菅野真二氏
2004/08/24 日本経済新聞　夕刊 5ページ

特集――士業の商法にあらず、企業内弁護士
2007/01/01 日本経済新聞　朝刊 25ページ

「NO」と言われる日本――頼れぬ外交、民間綱渡り
2010/03/19 日本経済新聞　朝刊 1ページ

NHK経営委員長、浜田氏を選出――政官界に幅広い人脈、
羽田の国際化に奔走
2012/09/12 日経産業新聞 19ページ

産業界を支える「黒子」――経済団体職員、身軽さ勝負
2013/03/12 日本経済新聞　朝刊 37ページ

富士山　世界遺産　祝登録　観光客続々と
三保松原　午前中から満車
2013/06/24 東京読売新聞　朝刊 33ページ

米IT、ロビー費が急増、主要10社、昨年16％増、
プライバシー問題など働きかけ
2014/02/02 日本経済新聞　朝刊 5ページ

【時論公論】在米韓国ロビーと慰安婦問題
2014/04/23 NHKニュース解説

ワシントンの中のアジア、
ケント・E・カルダー著――ロビー活動で出遅れた日本に警鐘
2014/08/31 日本経済新聞　朝刊 23ページ

グーグルとホワイトハウスの緊密な関係（1）（2）
2015/03/25 ダウ・ジョーンズ米国企業ニュース

グーグル2つの誤算、EU「独禁法違反」見解、
攻防5年、ネット保護主義を軽視
2015/04/20 日本経済新聞　朝刊 7ページ

経団連　ワシントンに6年半ぶり事務所開設
経済・政治情勢の分析拠点に
2015/11/05 NHKニュース

株式会社ベクトル
パブリックアフェアーズ事業部

1993年にプロモーションを主軸とする会社としてスタート。2000年よりPR事業を中心とした体制に移行。独立系PR会社として業界トップレベルの地位にのぼりつめ、2012年3月に東証マザーズに上場し、2014年11月に東証一部へ市場変更。

現在、中国（上海、北京）、香港、シンガポール、インドネシア、タイ、ベトナムに現地法人を設立し、成長市場であるアジア・ASEAN主要国へ積極的に展開。アジア全域におけるPRグループの形成を目指し、事業を拡大している。

また2012年にパブリックアフェアーズ事業部を設立し、PR手法やロビイストを活用して企業や団体の政府渉外活動を支援している。

株式会社ベクトル
http://www.vectorinc.co.jp/
ベクトルグループ Facebookページ
https://www.facebook.com/VectorGroup/

藤井敏彦

経済産業研究所コンサルティングフェロー・多摩大学ルール形成戦略研究所客員教授

1987年 東京大学経済学部卒
1994年 米ワシントン大学MBA取得
2000年 在欧日系ビジネス協議会（JBCE）事務局長就任。対EUロビイングに従事
2004年 帰国後慶應大学法科大学院客員講師（EU法）、埼玉大学大学院経済科学研究科客員教授（公共政策と企業戦略）等を経て現職

主著に「競争戦略としてのグローバルルール」（東洋経済新報社）、「ヨーロッパのCSRと日本のCSR」（日科技連出版）等がある。

岩本 隆

慶應義塾大学大学院経営管理研究科特任教授

東京大学工学部金属工学科卒業。カリフォルニア大学ロサンゼルス校（UCLA）工学・応用科学研究科材料学・材料工学専攻Ph.D.。
日本モトローラ株式会社、日本ルーセント・テクノロジー株式会社、ノキア・ジャパン株式会社、株式会社ドリームインキュベータ（DI）を経て、2012年より慶應義塾大学大学院経営管理研究科（KBS）特任教授。

「技術」・「戦略」・「政策」を融合させた「産業プロデュース論」を専門領域として、さまざまな分野の新産業創出に携わる。

ロビイングのバイブル

Bible of LOBBYING

2016年8月13日　第一刷発行

著者　株式会社ベクトル
パブリックアフェアーズ事業部

藤井敏彦
経済産業研究所コンサルティングフェロー・
多摩大学ルール形成戦略研究所客員教授

岩本 隆
慶應義塾大学大学院経営管理研究科特任教授

発行者　長坂嘉昭
発行所　株式会社プレジデント社
〒102-8641
東京都千代田区平河町2-16-1
平河町森タワー13階
http://www.president.co.jp/
http://presidentstore.jp/
電話　編集 03-3237-3737
販売 03-3237-3731

装丁　ニルソンデザイン事務所
販売　高橋徹　川井田美景　森田巌　遠藤真知子
塩島廣貴　末吉秀樹
編集　大高志帆
制作　田原英明
印刷・製本　萩原印刷株式会社

 ISBN 978-4-8334-5069-0 Printed in Japan